ROMERO FARIA

É, tem jeito!

Posso ter um negócio e ter sucesso...

1ª Edição

2019

Sempre tem jeito! Acredite em si, aprenda, trabalhe, você consegue...

2

ÍNDICE

CAPÍTULO

ANEXOS

Sempre tem jeito! Acredite em si, aprenda, trabalhe, você consegue...

INTRODUÇÃO

Milhões de pessoas, todos os dias, tem desejo de mudar suas vidas, de melhorar, de ter coisas que outros possuem e elas não. Mas por não agir, ou agir de maneira errada, suas vidas prosseguem sem conquistar coisas, aí se acomodam até que um dia se dão conta de que o tempo passou... E tempo é vida.

Talvez elas só não saibam que sempre tem um jeito: sempre é possível ter sucesso ao seu modo. Só não pode ser de qualquer jeito, é preciso aprender um mínimo de coisas para acertar.

Infelizmente são muitas as pessoas que ficam paralisadas diante de seus medos, suas incertezas, suas inseguranças. Como alimentam a ideia de que não vão conseguir, o resultado é o previsto por elas mesmas, nada conseguem.

Isto se chama *Síndrome da Profecia Realizada*. Ela acontece assim: se a pessoa acha que vai dar certo, ela investe, vai à luta, se esforça, supera obstáculos, e realiza. Mas se pensa que vai dar errado, limita o investimento, se esforça pouco, para e lamenta diante dos obstáculos, e fracassa. Um bom exemplo se dá quando uma pessoa deseja conquistar outra: se ela acredita, faz a profecia que vai conseguir, se veste bem, faz maquiagem, fica bonita, e acaba dando acontecendo a conquista. Se não acredita e a sua profecia é de dificuldades e fracasso, ela não se prepara, transmite uma imagem ruim, e dá errado mesmo.

Há também os que sequer tentam, aí não é síndrome, é paralisia mesmo. Por se acomodarem, ou não agirem por qualquer motivo, entram em uma mortal zona de conforto e pagam o preço de viver uma vida de menos realizações. Ficam na dependência de empregos e precisam suportar chefes às vezes intoleráveis...

Sempre tem jeito! Acredite em si, aprenda, trabalhe, você consegue...

Existem ainda milhares de pessoas que até tentam insistentemente, mas fracassam nas primeiras vezes, pois agem de maneira apressada e desorganizada, sem se preparar para o que vão fazer. Estas, persistindo, um dia conseguem através da escola da vida, da aprendizagem pela experiência. Só que demoram muito a colher os frutos dos seus esforços.

Mas existem muitas pessoas que se realizam logo na primeira investida. São os que se preparam, ficam atentos, trabalham, e se esforçam realmente para superar seus desafios. Acreditam em si, investem em si, e vencem.

E para estes vencedores o mundo não oferece mais facilidades, eles é que não se dobram diante de dificuldades. Com vontade de vencer e determinação, eles elevam suas vidas para um patamar muito melhor do que estavam tanto em prosperidade quanto em felicidade.

Em suma, como qualquer ser humano vencedor, você leitor também pode ter sucesso com seu negócio, qualquer que ele seja. Tem jeito. Mas precisa ter atitudes corretas, e usar conhecimentos adequados. E o conhecimento está disponível na humanidade, basta você querer apanha-lo.

O mais importante para o seu sucesso é você compreender que as coisas não vão acontecer só do jeito que você imagina, ou gostaria que fosse. Cada situação tem seu próprio jeito de dar certo, e você precisa ter humildade para aprender.

 Não é porque você se chama João ou Maria, e é filho de um pai rico ou pobre, por sua cor de pele, gênero, religião, ou outro fator, que bons negócios vão acontecer. Eles podem até abrir ou fechar portas e influir um pouquinho no inicio, mas não se sustentam, e logo perdem a importância.

Sempre tem jeito! Acredite em si, aprenda, trabalhe, você consegue...

O mundo dos negócios não se realiza pelas suas regras leitor, ele tem as suas próprias regras. E elas não são complicadas, aliás, são bem fáceis, mas precisam ser observadas senão palavras como prejuízo e retrocesso entram em ação, e se eles persistem, inevitavelmente vem à falência,...

No mundo dos negócios há milhões de maneiras de você prosperar, você consegue. Mas é preciso atenção a pequenos detalhes, muitos dos quais você verá nas paginas deste livro.

A proposta do livro é ajudar pessoas que desejam ser prósperas, que querem acumular riquezas sem agredir sua felicidade, a atingir seus objetivos pessoais. Na obra o autor mostra caminhos e armadilhas a serem evitadas.

O autor, é consultor, acumulou conhecimentos por mais de trinta anos ajudando micro, pequenas, médias e grandes empresas, e nesta obra busca passa-los de maneira bem simples e resumida ao leitor.

A sua mensagem principal nesta obra é: O sol brilha para todos, todos podem conseguir, tem jeito. Mas como dizem os americanos, *"cada um precisa soprar e fazer sair a musica da sua própria flauta..."* Pense certo, e procure agir certo, ao seu modo, este é o caminho. Só existe transformação onde existe ação. E só existe um jeito de você fazer sucesso: o seu.

Sempre tem jeito! Acredite em si, aprenda, trabalhe, você consegue...

1- SERVIR

Simples assim a regra número um do seu sucesso:

SERVIR AO OUTRO,

E NÃO, SERVIR-SE DO OUTRO...

Sempre tem jeito! Acredite em si, aprenda, trabalhe, você consegue...

7

2- O SUCESSO COMEÇA DENTRO DA SUA MENTE

A chave da arca onde está o seu tesouro está guardada dentro da sua própria mente. É neste local que cada um precisa agir para abrir as portas do sucesso.

Só olhando para dentro de si, pensando, refletindo, e se superando, cada um conseguirá abrir sua arca. No mundo externo estão apenas as coisas que o seu tesouro permitirá acessar...

Para entender porque o sucesso começa dentro de sua mente, no seu jeito de pensar e agir vamos fazer uma observação sobre nossas vidas cotidianas, começando com uma pergunta. Se alguém acredita que ter uma casa própria é essencial para sua segurança e conforto, como normalmente deve agir para conseguir esta casa? Deve cuidar de seu lazer, de suas amizades, de sua aparência e vaidade, de fazer cursos para enobrecer seu currículo, ou deve cuidar de ganhar dinheiro e de poupar para adquirir o imóvel?

Qual decisão de ação leva a qual resultado?

Os resultados não acontecem apenas porque uma pessoa quer, ou porque é culta, ou porque aparece bonita na cena. Não é assim. Um resultado não vem apenas de um sonho, de um desejo ou de uma vontade. O resultado que você busca virá através do seu esforço direcionado àquilo que você quer, e realizado com alguma capacidade de fazer certo.

Em outras palavras, precisamos pensar corretamente, e agir corretamente, alinhando pensamento e ação. E observe, é preciso fazer as duas coisas da maneira correta: pensar e agir. Pensar muito, com

---

Sempre tem jeito! Acredite em si, aprenda, trabalhe, você consegue...

precisão, mas não agir promove o mesmo fracasso de agir com muito esforço sem pensar corretamente.

Não é a ação inconsequente que gera resultado e riqueza. É a ação correta, que surge do pensamento correto que só aparece quando você desenvolve a capacidade de olhar para dentro de si e depois para o mundo, contemplando-o pelo seu ponto de vista, e não do ponto de vista dos outros. Em outras palavras, não é copiando o jeito dos outros que você vai se realizar. Só há um jeito de você dar certo, é o seu.

E a sabedoria popular tem um ditado que o fará lembrar-se disto. Diz assim *"passarinho que acompanha morcego dorme dependurado, e galinha que acompanha pato morre afogada"*.

Começa dentro de você, mas tem algumas dicas que podemos dar para ajudar a melhorar seu nível de acerto, e o negócio que tem ou que pretende montar. Vamos a seguir identificar cinco princípios aos quais você deve estar atento: querer, saber, poder, acreditar, fazer.

Para facilitar sua compreensão de cada um deles vamos usar conhecimentos da sabedoria popular e pequenas historias, seguindo a proposta do livro que é ser mais prático, mais acessível às pessoas mais simples, e menos acadêmico.

1- QUERER.

Primeiro vamos reforçar, sucesso é um resultado e não um simples desejo de ter algo. Não basta um sonho, um desejo, um devaneio em uma noite de verão... É preciso começar com uma vontade ferrenha, com determinação de vencer. Você não pode ser um fraco e parar diante dos primeiros obstáculos.

Persistência é a medida do seu querer. E neste caso, o futebol brasileiro é o melhor exemplo: O Brasil não ganhou mais copas à toa. Tivemos Pelé, os dois Ronaldos, e outros excelentes goleadores que podemos

Sempre tem jeito! Acredite em si, aprenda, trabalhe, você consegue...

9

usar como exemplos. Observe a confiança pessoal no momento do gol, que trás a vitória.

Quando um goleador vai para o ataque ele joga a bola na frente e corre com toda a sua energia atrás dela tentando fazer o gol. Vários jogadores da defesa adversária tentam impedi-lo, inclusive fazendo falta e ás vezes até o machucando. Mas, como ele quer realmente fazer o gol, e sua vontade é determinante, ele passa por cima dos obstáculos, contorna o adversário, joga bola debaixo de suas pernas, e vai insistindo até conseguir chutar a bola na rede. É quando chega o resultado, e ele é valorizado. É quando ganha fama e prospera. O gol não foi sorte, foi resultado de sua vontade e sua determinação, antes mesmo de suas habilidades. Se ele não quisesse, não tivesse motivação, o gol não sairia.

Importante aqui observar que para superar seus obstáculos com as defesas adversárias ele luta continuamente para vencer. Não para diante da primeira tomada de bola do zagueiro, nem do primeiro chute na canela. Ele tem firmeza de propósito.

Como o futebol é um propósito de vida para um atleta profissional, ele pensa constantemente em novas técnicas, aprende novas jogadas, e age de maneira coerente com o que pensa. Com esta preparação muitas vezes o que faz dá certo. Quando não dá, ele modifica o jeito, e tenta de novo.

Aqui é preciso ainda considerar que há uma disputa entre a força da vontade do atacante e do jogador da defesa adversária que quer impedir o gol. É preciso saber que o defensor também se preparou. Na disputa, vencerá o mais determinado, com mais força de vontade, e que se preparou melhor para o evento.

Por isto, o futebol antes de ser um jogo de habilidades, estratégias e táticas, é um jogo de vontade e determinação.

Sempre tem jeito! Acredite em si, aprenda, trabalhe, você consegue...

A vida nos negócios é assim também, há opositores, concorrentes, e é o melhor que irá vencer. Assim prepare seu espirito para competir com vontade e determinação.

2- SABER

Um empreendedor não pode viver no mundo das suas fantasias ou das fantasias das pessoas que o cercam. Precisa conviver com a sua realidade, e se dar bem nela, do jeito que vier. Se a realidade muda, o empreendedor deve aprender o que precisar, e se ajustar rápido aos novos tempos. É necessário saber fazer o que for preciso na hora certa, nem antes, nem depois.

Vou contar aqui uma historinha que ouvi e que mostra a diferença entre viver com o pé no chão, aprender a se dar bem na sua dura realidade, e viver alimentando fantasias que outros lhe sugerem sem conseguir resultados. Em outras palavras, lhe apresento a diferença entre o saber útil e o saber inútil.

Contam que um dia um jovem estudioso e aplicado, com titulo de doutor, resolveu passar suas férias na casa dos pais, que moravam em uma fazenda por onde passava um grande rio. Chegando próximo ao rio, já de noite, o jovem ficou sabendo que fortes chuvas haviam levado a única ponte que permitia atravessa-lo e chegar à fazenda.

Voltar, e pegar outra estrada, era uma alternativa muito demorada, assim o que restou ao Doutor foi atravessar o rio com um antigo barqueiro que morava por perto e ali trabalhava naquele momento.

Contratou os serviços, deixando seu carro estacionado à margem da rodovia.

Tomou o barco com o velho barqueiro e ansioso por se posicionar como sábio, logo começou a expor o enorme cabedal de informações que retirara dos livros.

Sempre tem jeito! Acredite em sí, aprenda, trabalhe, você consegue...

Em tom arrogante, próprio daqueles que se acham doutores e melhores que os outros por dentro, começou a conversa perguntando ao velho:

- Estou vendo que a sua canoa é de madeira. Qual madeira é?
- Vinhático, respondeu o velho.

O jovem então falou em tom professoral:

- Oh, vinhático. O senhor sabia que esta madeira tem a característica de ser resistente a organismos xilófagos, tem baixa contração, e ainda por cima tem bons valores nos medidores de impacto, cisalhamento, tração, fendilhamento e outros?
- O velho que parecia ouvir grego, não entendendo nada, respondeu: sei não, sei o que é isto o que o senhor falou não.

O jovem viu que por ali não avançaria, então, tentando reforçar seu saber, mudou logo de assunto. Olhou para o céu estrelado, que reluzia ainda mais pela escuridão da noite, e comentou:

- É o céu aqui é lindo. Apontando para uma região no céu disse para o velho: olha ali a via láctea. É linda. O senhor consegue distinguir as constelações de Andrômeda, Pégaso, Fênix, Cruzeiro do Sul, Ursa Maior, Ursa Menor, Cão Maior, Cão Menor?
- Conheço estes bichos não, disse o velho confuso com os termos e acanhado por sua ignorância.

E o jovem continuou a viagem enchendo a paciência do velho com o arsenal de informações que havia retirado dos livros. De repente, no escuro da travessia, a canoa chocou-se com uma pedra submersa e virou, jogando os dois dentro da água.

O jovem então começou a afogar e gritou por socorro. Enquanto nadava em sua direção o velho lhe disse:

Sempre tem jeito! Acredite em si, aprenda, trabalhe, você consegue...

- *Uai Doutor, com o tanto que o senhor aprendeu num aprendeu a também a nadar? De que vale tanto saber?*

Muito saber fora de contexto não ajuda em nada. Um curso universitário sem conexão com o seu negócio não o ajudará, apenas lhe dará um titulo.

A questão não é ajuntar um monte de informações e ter a sensação de que sabe muito, ou ser reconhecido por outros como doutor pela capacidade de falar de coisas diversas. A questão é se preparar para fazer o que é preciso, a coisa certa, na hora certa, do jeito certo. Ou seja, aprender com foco nos negócios e nos resultados.

A maioria dos grandes empresários, os maiores milionários, sequer concluíram o ensino médio, mas eles aprenderam a fazer negócios e a ganhar dinheiro.

Em relação ao ato de aprender, é importante observar aqui dois aspectos. O primeiro é a diferença entre informação e conhecimento. Os livros estão cheios de informações, trilhões delas, mas é preciso saber transformar as informações em conhecimento.

Para diferenciar o termo informação do termo conhecimento, vamos a um exemplo. Você pode ler dez livros sobre natação, ser até um ilustre professor em teoria da natação, mas se você não pular dentro d'água e se esforçar em aprender os movimentos, não saberá nadar. Não adianta teorizar dentro da água, é preciso dar as braçadas certas, respirar da maneira correta.

Ter muita informação, ser o teórico do partido não gera resultados. Mais vale quem sabe fazer crescer um pé de alface em um canteiro do que qualquer teórico que nunca fez germinar nada antes.

Sempre tem jeito! Acredite em si, aprenda, trabalhe, você consegue...

Por isto, esqueça a busca de informações generalizadas nos livros e aplique-se em aprender de fato o que seu negócio exige. Você não precisa explicar natação, você precisa nadar.

O segundo aspecto tem a ver com o primeiro: separar o conhecimento útil do enorme fardo dos conhecimentos desnecessários existentes na humanidade.

Ao barqueiro, para exercer sua profissão, não importava o enorme volume de conhecimentos do jovem doutor. Ele não precisava daquilo. Talvez para o doutor, em alguma circunstância de sua vida algo até pudesse valer a pena, mas no contexto da travessia do rio suas informações eram inúteis. Ele não tinha o conhecimento necessário: não sabia nadar.

Nos negócios é também assim, você precisará do conhecimento certo em muitos momentos. Este é o grande diferencial, possivelmente o maior, entre quem tem sucesso e quem fracassa.

Desenvolver conhecimento toma tempo, e o empreendedor deve compreender que tempo é a coisa mais cara que tem, por isto deve aprender a usa-lo de forma produtiva para atender seus objetivos e focar em seus negócios e sua empresa.

Cabe aqui diferenciar o termo negócio, do termo empresa, pelas demandas específicas de conhecimento que cada termo possui.

Um negócio pode existir sem uma empresa, mas a reciproca não é verdadeira, uma empresa depende de um negócio que a justifique.

Negócios são transações comerciais e acontecem na compra e venda de carros, de casas, de roupas, de serviços, de mão de obra, e de milhares de outros itens. A humanidade vive de pequenos ou grandes negócios. Você entrega uma coisa, recebe outra de volta.

Sempre tem jeito! Acredite em si, aprenda, trabalhe, você consegue...

A demanda de conhecimentos dos negócios está relacionada aos produtos e serviços comercializados, aos clientes, aos fornecedores, aos concorrentes, às formas de comprar e vender com superávit comercial, à publicidade, à legislação incidente sobre o tipo específico de negócios, e à tributação incidente.

Já uma empresa é a forma de organização racional do trabalho que dá suporte e que viabiliza ou melhora a realização de um negócio. Em si, a empresa é apenas um meio para um negócio prosperar.

Usualmente a empresa é registrada em uma junta comercial e precisa ter escrita documentada para apresentar ao governo.

Uma empresa muitas vezes pode envolver pessoas que não estão diretamente ligadas às trocas que acontecem em um negócio. Por exemplo, em uma revenda de automóveis existe o vendedor que efetiva o negócio com o cliente, mas existem também outras pessoas relacionadas à empresa que atuam no faturamento, portaria, na limpeza e manobra de veículos, no cafezinho, etc., mas não têm contato direto com o cliente que faz o negócio.

A demanda de conhecimentos de uma empresa é mais voltada para suporte operacional e controle dos negócios, e está associada à legislação vigente para o tipo de negócio, maneiras de relacionar produtivamente com as pessoas, gestão financeira, armazenagem e controle de estoque, expedição, planejamento e controle de processos, parte fiscal e tributária, e outros.

Adiante neste livro abordaremos com mais detalhes alguns dos conhecimentos citados.

Fica aqui o alerta que o empreendedor iniciante precisa primeiro procurar conhecer muito bem o seu negócio, só depois deve pensar em

Sempre tem jeito! Acredite em si, aprenda, trabalhe, você consegue...

15

empresa. Já o empreendedor estabelecido deve continuamente pensar em modernizar sua empresa e atualiza-la tecnologicamente, melhorando a qualidade e produtividade naquilo que faz, para oxigenar seu ambiente de negócios.

3- Poder.

Poder tem a ver com recursos disponíveis para fazer coisas que precisem ser feitas, e possibilidade de utiliza-los, enfim a possibilidade de poder fazer.

Uma historinha infantil que fixa bem a importância de ter os recursos adequados e ter sucesso é a do lobo-mau quando ele tenta derrubar a casa dos três porquinhos.

Na primeira vez, para se proteger, os porquinhos fizeram uma casa de palha e galhos, mas o lobo-mau soprou e derrubou.

A segunda casa foi feita com recursos melhores, foi feita de madeira, mesmo assim o lobo mal soprou e derrubou.

A terceira casa foi feita com os recursos adequados, tijolo e cimento, ou alvenaria como costumamos dizer. Esta o lobo soprou, soprou e não derrubou. Venceram os porquinhos.

O autor da fábula expõe muito bem o conceito de que "tem jeito, mas não é de qualquer jeito". Não se faz uma casa sem os materiais de construção...

Ter os recursos para fazer algo como precisa realmente ser feito para chegar ao sucesso é essencial, mas muitos empreendedores ignoram tal fato. Querem tornar real algo que ainda é impossível, e aí entram por caminhos errados, fazem frágeis casas de sapê, ou suntuosos castelos de areia, quando o que satisfaz é uma casa de alvenaria.

Sempre tem jeito! Acredite em si, aprenda, trabalhe, você consegue...

Outro exemplo muito comum da fantasia de querer tornar real algo quando ainda não se pode ter, é quando a pessoa deseja muito algo, por exemplo, um carro. Ela só poderá comprar o carro se tiver os recursos financeiros para isto. Mas, alimentando suas fantasias, ela dá um jeitinho, vai ao banco, se endivida toda, e adquire o bem. Logo depois o perde, porque não paga e a justiça toma de volta.

Tornar possível primeiro para tornar real depois, é um principio básico de desenvolvimento de negócios. A pressa não apressa a história, melhor que ela é a disciplina. Primeiro é preciso ter os recursos, depois fazer.

O empreendedor não pode cair na cilada de viver pendurado em banco. Se assim o fizer transferirá todo o seu lucro para o sistema financeiro. Esta é uma regra que o empreendedor precisa observar sempre para não trabalhar de graça para os outros.

Todo empreendimento sempre precisará de recursos para *poder* funcionar. Desta forma o empreendedor precisa considerar o fato de que precisará também de ter reserva financeira para montar seu negócio e faze-lo crescer.

O termo *reserva financeira*, ou poupança, ou aplicações, precisa fazer parte do vocabulário do empreendedor. Isto o diferenciará dos aventureiros.

A ideia que muitos desenvolvem de que podem recorrer a bancos para montar negócios e crescer é real, possível, os bancos financiam, mas é uma grande aventura, pois se o mercado oscila, e ele sempre oscila, o empreendedor pode perder tudo da noite para o dia.

Trabalhar com a maior parte dos investimentos oriunda de capital próprio torna a evolução mais lenta, mas é mais segura e duradoura.

Sempre tem jeito! Acredite em si, aprenda, trabalhe, você consegue...

Bancos e agentes financeiros podem e devem ser usados, mas dentro de limites de segurança que não comprometam as operações e a vitalidade do negócio.

Cautela e caldo de galinha não fazem mal a ninguém.

4- Acreditar

Há um ditado popular que diz: *"a fé remove montanhas"*. Este ditado não se fixou, até entre os ateus, sem um bom motivo.

Quando a pessoa acredita profundamente em algo, e este é o sentido da palavra fé, ela mobiliza todas as suas energias internas para realizar aquilo em que acredita. Assim consegue transformar em realidade algo que era dificílimo, mas possível, pois exigia muita determinação e esforço.

Não se trata aqui de orar a um Deus distante e esperar que ele processe milagres. Se fosse assim os templos religiosos estariam repletos de bons empresários. O que é preciso é acreditar mesmo em uma proposta, e trabalhar com afinco, mental, espiritual e físico para que ela se realize.

Um bom exemplo são os agricultores. Antes de plantar, eles não têm certeza se vai chover, se vai fazer frio ou calor que inviabilize a colheita. Eles não são senhores do tempo. Sua única opção é acreditar, e tomar todas as medidas possíveis para assegurar a colheita. Aí eles oram, mas trabalham muito, seja adubando, semeando, removendo o mato, irrigando, e protegem contra o sol e geadas, até que ao final Deus os presenteia com a colheita...

Em outra parte do mundo, ao enfrentar empreendimento nos desertos, os árabes dizem: *orai e vigiai*. Ai desenvolvem suas propostas, pedem ao seu Deus, mas trabalham e vigiam o seus camelos...

Sempre tem jeito! Acredite em si, aprenda, trabalhe, você consegue...

O sucesso é possível, mas um negócio sempre envolve riscos, sempre pode dar errado. Então é preciso trabalhar para reverter estes riscos.

Por isto a formula do sucesso exige que você <u>acredite</u> profundamente naquilo que vai fazer. Não entre em nada em que você não acredite, pois você não mobilizará as energias que um negócio precisa para prosperar. Mesmo assim, mesmo acreditando muito, aprenda ao máximo antes de agir para fazer dar certo, e conter os riscos. Assim que se preparar, encha seus pulmões, acredite, e mergulhe fundo e com muita disposição para superar os obstáculos.

Sempre tem jeito, milhões conseguem e você também conseguirá...

5- FAZER.

As transformações, e com elas os bons resultados, só acontecem através da ação. E ação quer dizer, esforço e movimento, ou em outras palavras, trabalho.

Quem quer ter um negócio precisa se movimentar, precisa agir. Ou como diz o ditado popular, *"cobra que não anda não engole sapo."*.

E tem mais, não adianta agir no tempo errado. O mundo é dinâmico, transformações mínimas acontecem a cada segundo, e é preciso se ajustar a esta realidade. Assim, é preciso agir ao perceber a necessidade da ação, respeitando obviamente a necessidade de planejar adequadamente e de providenciar os recursos adequados para agir.

Ação e trabalho são palavras irmãs. A acumulação de recursos, e o uso racional dos mesmos, são irmãs siamesas da riqueza. A fábula da formiga com a cigarra, muito contada na infância, chama a atenção para que este seja o caminho do sucesso.

Sempre tem jeito! Acredite em si, aprenda, trabalhe, você consegue...

Na fábula, enquanto a cigarra cantava alto e não trabalhava, a formiga continuava e silenciosamente carregava alimentos para dentro do formigueiro. Quando vieram as chuvas, a cigarra não conseguia alimentar-se, enquanto a formiga tranquilamente consumia o fruto do seu trabalho...

Enquanto a cigarra proseava e cantava, a formiga fazia...

Sempre tem jeito! Acredite em si, aprenda, trabalhe, você consegue...

20

3- O CLIENTE, A ÚNICA FONTE...

Você já parou para pensar para que existe um negócio? Para que existe uma padaria, um supermercado, ou a agencia de carros?

Pois é esta é a pergunta principal que você deverá responder como empreendedor: Para que este negócio existe?

1- RAZÃO DE SER

Em torno de um negócio circulam dinheiro, mercadorias, e pessoas: os fornecedores, clientes, donos, funcionários, governo, colaboradores externos...

Mas *para que* existe um negócio? Para o dono ficar rico? Para gerar empregos? Para sustentar um governo? Para cumprir uma função social? Enfim, para que?

Vamos procurar resposta para este *"para que?"* com outra pergunta: o que acontece se todos os clientes de uma empresa, padaria, supermercado, etc., forem embora?

Pois então, você compreendeu a resposta não é? Os negócios simplesmente acabam. Isto porque um negócio só existe se houver um cliente, alguém com quem você possa trocar algo.

Antes da criação do dinheiro, os negócios eram feitos por escambo, ou troca de coisas, mercadorias, bens, serviços, etc. O dinheiro é apenas um elemento de troca para viabilizar negócios nas sociedades atuais.

Em outras palavras, o cliente, isto é, a pessoa com a qual você troca bens e serviços por dinheiro, é a razão de ser de qualquer negócio. Um negócio sempre envolve duas partes, e uma delas é o cliente...

Sempre tem jeito! Acredite em si, aprenda, trabalhe, você consegue...

E quem procura uma troca está querendo se beneficiar de algo, satisfazer alguma necessidade sua. Assim, cede algo que possui, dinheiro, em troca daquilo que precisa, uma mercadoria ou um serviço. Se fica satisfeito em trocar com você, o cliente volta, se não, vai embora.

Clientes que vão embora enfraquecem os negócios. O Cliente é o sol que ilumina e que dá energia.

Por isto, um negócio só prospera se for capaz de servir alguém, um cliente, e atender suas necessidades.

Infelizmente muitos não compreendem esta razão de ser, e acham que o lucro é que é a razão de ser de uma empresa. Este erro leva os donos a descuidarem da principal missão do negócio, que é servir aos seus clientes, e de forma indireta, a toda a sociedade, com produtos e serviços que atendam suas necessidades.

O lucro é um troféu, a consequência de se tratar bem o cliente, atendendo-o em qualidade, preço e prazo.

A lógica do retorno nos negócios em relação ao cliente é a mesma da agricultora em relação à semeadura. Primeiro o agricultor acredita na safra, e investe: planta e cuida, e só depois colhe.

Nos negócios é também assim, primeiro procura-se entender o cliente e atender, servindo bem, a colheita vem em seguida.

Na prática funciona assim, vão atenção e cortesia, voltam o próprio cliente e mais indicação de outros clientes. Vão bons produtos ou serviços e volta remuneração pelo bom fornecimento.

Sempre tem jeito! Acredite em si, aprenda, trabalhe, você consegue...

O cliente é importante, muito importante, mas o lucro também é importante, muito importante, são duas pernas de um mesmo corpo. Assim, para caminhar é preciso sincronizar um com o outro.

Vamos conversar um pouco mais sobre o assunto, devido à sua importância.

Primeiro vamos falar do retorno do esforço que gera o lucro, o qual leva o negócio a prosperar. Como e de onde vem este retorno?

O primeiro aspecto, de curtíssimo prazo, é o financeiro, e é fácil calcular: acontecem vendas com margens boas, e o lucro imediato aparece como retorno.

O segundo aspecto, o que verdadeiramente dá sustentação ao negócio e faz com que ele sobreviva por longo tempo, requer uma analise mais cuidadosa. Costumo brincar com as pessoas e chamar este lucro em longo prazo de *"o retorno da abobora"*. Explico.

Há uma percepção em muitos povos, muitas religiões, de que a energia que se joga ao universo retorna de alguma forma. Assim, se alguém joga algo bom ao universo ele devolve coisas boas a ela, mas se alguém joga o mal, de alguma forma recebe coisas ruins.

Os orientais referenciam a este movimento de retorno com uma máxima, *"tudo é espelho"*, ou seja, o que você vê é a imagem refletida que você mandou.

Outros povos falam que *a energia que você manda para o mundo é a mesma energia que volta para você*. Assim, se mandar alegria, volta alegria, mas se mandar enganar o outro, volta para você a energia do engano, de ser trapaceado. Em outras palavras, se deseja o bem manda o bem, se deseja que seu cliente queira seu bem, queira também o bem deles.

Sempre tem jeito! Acredite em si, aprenda, trabalhe, você consegue...

Reforça este conceito mundial, o fato de que alguns psicólogos dizem também que *o mundo é um balão de borracha e você está dentro dele.* Assim, o que você joga pra cima bate nas paredes e volta na sua cabeça. A sabedoria popular em nosso país diz que *você colhe o que planta.* Alguns chamam a isto lei do retorno. Em outras palavras, se você joga abóboras para cima, elas caem na sua cabeça.

Esta percepção tem muito sentido e é fácil de confirmar: experimente chegar a um ambiente e dar um bom dia, de cara fechada. Você receberá de volta um bom dia, de cara fechada, dos presentes. Agora chegue neste mesmo ambiente com alegria e sorrindo e dê um bom dia, você receberá um bom dia alegre dos presentes.

O mundo é um fluxo e contra fluxo de energias, e os negócios acontecem é neste cenário. Lembre-se que negócios são decorrentes de relações humanas.

Fato é que quando você cuida bem do seu cliente, lhe entrega além de bons produtos e serviços, também boas energias e bom atendimento, ele divulga esta sua atenção a outros, que vão retornar a você lhe pedindo produtos ou serviços, e assim seu negócio prospera e tem longa duração.

Por outro lado, quando as energias são negativas, e o empreendedor começa a desejar primeiro servir-se do cliente, pensando apenas em si, em seu lucro imediato, as coisas se invertem. Pensando apenas em si, ele acorda o cliente para também só pensar em si, e esta energia volta a ele. Assim, planta sementes do mal que vão frutificar contra ele em longo prazo.

A esperteza de ludibriar o cliente pode até dar lucro no primeiro momento, no primeiro negócio, mas as pessoas de alguma forma começam a percebê-la, e aí os negócios ficam ruins.

Sempre tem jeito! Acredite em si, aprenda, trabalhe, você consegue...

E o fato é comum e grave, acontece com muita frequência, principalmente entre empreendedores novatos. É um erro a ser evitado.

Um dos absurdos mais comuns que observo na relação empresa/cliente é o tradicional *"filé com fritas"* servido em alguns restaurantes. O comerciante anuncia filé a ótimo preço, mas pressionado pela concorrência e pelo preço da carne, ou mesmo querendo apenas ganhar mais, resolve reduzir seu custo enganando o cliente. Aí, em vez de servir filé como anuncia, serve carne mais barata, fazendo maquiagens na mesma para enganar, e empurra no cliente como se fosse filé. Literalmente joga aboboras para cima...

Para reforçar que lucro e continuidade da empresa, e bons serviços aos clientes andam juntos, vamos lembrar aqui outro ditado popular. *"Você pode enganar alguns por algum tempo, mas não pode enganar todos por todo o tempo"*. Quem percebe manobras denuncia, e destrói a imagem do estabelecimento.

Casos semelhantes ao do filé acontecem a todo o momento em negócios que não prosperam.

O empreendedor precisa ter em mente que seu negócio não vai durar um ou dois meses. Por isto, a credibilidade no mercado, e a confiança são as coisas de mais valor que ele transfere ao seu cliente. Quando a confiança vai embora dificilmente volta...

Reforçando o capitulo um, que dá a tônica dos bons negócios: Não adianta querer encurtar caminhos, a sabedoria é SERVIR BEM AO CLIENTE, E NÃO SERVIR-SE DELE. Ele é a razão de ser do negócio e você precisará aprender a fazer certo, a coisa certa, na hora certa, se desejar vencer. Não adianta tentar explicar ou justificar o mau atendimento ao cliente, lembre-se, se você não for capaz de atendê-lo, outros poderão ser, e eles o levarão.

Sempre tem jeito! Acredite em si, aprenda, trabalhe, você consegue...

E no caso das energias, e do retorno da abóbora, lembre-se sempre do ditado chinês: *"um homem que não sabe sorrir não devia abrir uma loja..."*.

2- O CLIENTE, A ÚNICA FONTE DE RECURSOS.

Atrair clientes para um negócio, e conseguir atende-los, é um grande esforço. E este esforço não pode desperdiçado. Não se podem perder clientes, Só existindo clientes se podem fazer bons negócios.

Aqui precisamos fazer uma diferença entre perder uma venda, e perder um cliente. Vendas são coisas de um momento, clientes são coisas da vida inteira de um negócio.

O empreendedor deve ficar atento ao fato de que é preferível ficar vermelho uma vez, e perder apenas uma venda, do que perder o cliente e ficar amarelo uma vida inteira. Com diz o ditado popular *"É preferível perder o anéis a perder o dedo..."*.

Vendas se recuperam com alguma facilidade através de estratégias comerciais. Clientes perdidos dificilmente voltam, e pior, em geral arrastam consigo outros clientes. Por isto, bons negociantes sabem que é preferível dizer com franqueza *"infelizmente não consigo atendê-lo desta vez"*, e perder uma venda, do que tentar iludir, trapacear e empurrar a mercadoria, e perder o cliente para sempre.

E o empreendedor deve observar que a manutenção dos clientes é a coisa mais importante de um negócio, porque eles formam a única fonte de receitas real que um negócio possui. Se um cliente vai definitivamente embora, leva consigo seu dinheiro e a oportunidade de receita, e deixa para o empreendedor as outras contas do seu negócio, que são todas de fontes de despesa.

Sempre tem jeito! Acredite em si, aprenda, trabalhe, você consegue...

Simples assim, só cliente leva dinheiro para o negócio, todo o resto vai para despesas.

Por isto, não deixe sujar ou secar a fonte que sustenta seu negócio. Mantenha limpa e cristalina sua fonte...

3- O CLIENTE É O MELHOR MEIO DE DIVULGAÇÃO

Publicidade é uma coisa necessária a um negócio, e em geral tem custos bem elevados.

A publicidade procura plantar o sim na cabeça do cliente, tentando atrai-lo com vantagens e valores positivos, e procura gerar confiança para viabilizar negócios.

Quando ocorre o inverso, ou seja, a publicidade é negativa, ela tem um efeito destruidor nos negócios. Ela cria desconfiança. É como se em um casal um dos cônjuges descobrisse que o outro pode estar tendo relações extraconjugais. Junto com a desconfiança vem o mal estar, a insegurança, e por fim a separação definitiva.

Por isto, o bom empreendedor sabe que deve cuidar muito bem da imagem dos seus negócios, da fidelidade dele ao cliente, e do cliente a ele.

É esta fidelização, e sua importância no âmbito empresarial, que leva empresas a gastarem fortunas com a mídia, sejam jornais, revistas, TV, e outros. É muito mais barato manter clientes antigos, do que conquistar novos clientes.

A publicidade em mídia é boa, mas existe há outro meio, melhor e mais barato, que tem mais força de influencia do que a mídia para fidelizar clientes. É o bom atendimento e, como consequência o testemunho do cliente através da propaganda boca a boca que ele faz.

Sempre tem jeito! Acredite em si, aprenda, trabalhe, você consegue...

A divulgação boca a boca é imbatível na relação custo beneficio. È absolutamente forte, porque é um testemunho real, e é absolutamente gratuita.

Quando um cliente fala de uma empresa que o atendeu ele fixa uma imagem da mesma que se espalha com muita força entre outras pessoas.

Mas preste atenção, o cliente pode falar bem ou mal. Se fala bem, ótimo. No entanto, se inverte e fala mal, contra o seu negócio, esta é a pior e a mais cara publicidade para você. Seus danos são quase irreparáveis. Por isto, nunca deixe um cliente insatisfeito a ponto de ele falar mal do seu negócio, e sempre o cative para que ele propague uma boa imagem sua.

4 – ENTENDER E ATENDER

Pelo que foi dito antes, você pode compreender expressões que são comuns no meio empresarial como, *"o cliente é a alma do negócio"*, ou *" o cliente é o rei"*.

Todo o esforço de um negócio precisa ser para atender bem o cliente. Mas fica aqui um questionamento: é possível atender bem sem entender bem?

Suponha que você tem hotel e se proponha a ser melhor da região, muito bem aceito pelos clientes. De que adianta no desjejum matinal você colocar o melhor café, o mais caro, o mais bem feito de toda a região, servido com a louça mais bonita e mais cara, com perfeição em relação à temperatura para o café, se oferece café como única opção para clientes que tenham o hábito e gostem de tomar chá?

O melhor é o que atende as demandas do cliente, não o que você pensa que é, e se você não entende o que ele quer, nunca oferecerá o melhor.

Sempre tem jeito! Acredite em si, aprenda, trabalhe, você consegue...

Esta consciência da importância de entender bem o cliente, para atender bem, necessita ser adotada em todo e qualquer empreendimento. Como as duas palavras chave da relação com o cliente são gêmeas siamesas, você não consegue *atender* se não *entender*.
Falar que precisa entender e atender, é muito fácil, difícil é fazer.

Esta dupla possui grande complexidade em qualquer empreendimento. E tem uma explicação: não é fácil compreender seres humanos, nós somos complexos e individualmente diferentes. Some a esta dificuldade das diferenças, um número elevado de clientes.

Cada um de nós tem peculiaridades. O bom empreendedor deve ser estar atento a elas: tem gente que gosta de chá, outros de café, outros de chocolate, outros de suco. É preciso saber montar a mesa certa para agradar da melhor forma ao maior número de pessoas.

Neste sentido, são muitas as perguntas em relação aos clientes que precisam de respostas até o empreendedor dominar bem o seu mercado. A seguir, algumas delas para reflexão.

 Quem é o cliente?

Existe uma grande diferença entre seres humanos e o que eles querem; velhos, jovens e crianças; negros, brancos e mulatos; pessoas gordas, medianas, e magras; ricos, pobre e classe média, cada um tem uma diferença que influi no que deseja.

Conhecer o perfil do cliente e suas demandas é essencial para ajustar a linha de produtos a lhe oferecer, preços médios, propaganda, etc.

Observe que aqui existe uma peculiaridade: quando você tem um só cliente, ou poucos, é até fácil entende-los, mas quando tem muitos

---

Sempre tem jeito! Acredite em si, aprenda, trabalhe, você consegue...

clientes, como em uma loja varejista, é muito difícil conhecer bem os clientes. Mas tem jeito. Mais adiante vamos falar sobre o assunto.

A. Porque o Cliente compra, o que o motiva a gastar com algo?

Há clientes que compram por necessidade absoluta, como por exemplo, material escolar para os filhos, alimentos, etc. Há clientes que compram por consumismo, e em geral buscam itens que valorizam a aparência pessoal, status, e emitem símbolos de poder como carros, joias, roupas, e outros.

Entre estes dois extremos, demanda por necessidade e demanda por vaidade, existem clientes que compram por outros motivos, como deixar uma casa mais bonita, limpar o carro, comprar uma roupa para uma festa, casar, etc.

Compra-se pelos motivos mais variados.

Entender as razões de compra do cliente é fundamental para a política de preços, atendimento, publicidade, formatação de lojas, capacitação de vendedores, etc.

B. O que ele quer realmente comprar?

Muitas vezes o que o cliente manifesta como algo que quer em sua primeira fala, não é exatamente o que vai comprar. É que existem grandes distâncias entre seus sonhos e a realidade, e entre seus desejos e sua capacidade de pagamento.

Compreender o que o cliente provavelmente vai comprar é uma das habilidades que o empreendedor precisa desenvolver. Neste sentido, deve-se ficar atento ao fato que os termos *sonho, desejo,*

Sempre tem jeito! Acredite em si, aprenda, trabalhe, você consegue...

30

necessidade, e *demanda* têm significados e forças bem diferentes na hora da compra. Explico.

Sonho é uma vontade abstrata de ter algo. Alguém sonha com um carro da Ferrari, com um passeio em uma ilha paradisíaca, com um príncipe ou princesa encantada. Mas sonhos poucas vezes se realizam. Tem uma musica que diz *"um sonho é verdade, mas não é a realidade"*. De fato, um sonho usualmente está dissociado da realidade por vários motivos, um deles é a capacidade de pagamento.

Desejo já é algo mais específico, mais determinado. A pessoa deseja um relógio Rolex, férias em Paris, ou alguém específico, coisas razoáveis, que outros possuem, mas em geral difíceis de serem obtidas.

O desejo não se associa obrigatoriamente a uma capacidade de compra, mas pode depender dela. O fato de alguém desejar muito algo não quer dizer que vai conseguir obter.

Um desejo para se realizar, tem que atender um requisito anterior: precisa ser possível.

Um exemplo é a compra de uma casa. Como é um bem de valor elevado, primeiro é preciso ter condições financeiras, ser possível, para depois adquirir a casa, e aí tornar real.

Desejos impossíveis de ser realizados são fantasias, e o empreendedor precisa enxerga-los.

Primeiro tornar possível, para depois tornar real, é a regra que vale para tudo. As complicações na vida, entre elas a financeira, em geral vêm do fato de que as pessoas tentam tornar real algo quando ainda não é possível.

Sempre tem jeito! Acredite em si, aprenda, trabalhe, você consegue...

Necessidade é o conceito mais forte a ser considerado em relação ao cliente. É ela que leva o individuo a se esforçar para adquirir um bem ou serviço que não é supérfluo para ele. Ele precisa daquilo.

Observe que, se alguém adoece, _necessita_ mesmo de um remédio receitado por um médico. Em outra condição, todos nós _necessitamos_ de alimentos, moradia, vestuário. As empresas _necessitam_ de peças de reposição para suas máquinas operatrizes.

A necessidade é a força motriz das compras

O bom negociante deve ficar muito atento às necessidades, e deve procurar atende-las de forma plena e que satisfaça cliente, sem perder de vista o seu negócio. Procure entender a extensão da necessidade do cliente, e sua capacidade de pagamento, e atende-la plenamente sem abusar da fragilidade do cliente no momento.

Tentar levar vantagem sobre o cliente muito necessitado, empurrando-lhe itens de maior valor, ou além do que precisa, pode jogar o cliente numa enrascada financeira. Isto pode complicar sua capacidade de pagamento. Aí, você vende para ganhar mais, só que pode não receber, ou pode criar insatisfação no cliente. Parceria e ajuda são as palavras que devem orientar a relação.

Demanda é um conceito criado em marketing que conjuga a capacidade de pagamento com a necessidade do cliente. Ela visa atender da melhor maneira a relação entre o que o cliente quer e o que ele pode pagar, focando primeiro nas necessidades.

Sempre tem jeito! Acredite em si, aprenda, trabalhe, você consegue...

Vamos usar um exemplo para diferenciar melhor os diversos termos listados:

Um cliente quer se locomover de forma independente, sem usar transporte coletivo. Para atender sua necessidade de locomoção pode sonhar com um carro da Ferrari, mas não pode adquiri-lo por estar fora de sua realidade de consumo.

Como não pode ter uma Ferrari, pode desejar em substituição um carro Off-Road, com tração nas quatro rodas, que muitos usam. Só que como o carro ainda é caro, e sua necessidade real é a locomoção, pensa em um carro com tração em duas rodas apenas, que o atenderá também. No entanto, sua capacidade de pagamento para este carro exige que ele abra mão de benfeitorias em sua casa. Neste sentido, poderá optar pela compra de uma moto, que ainda resolve sua necessidade básica que é locomoção. Em suma é a necessidade que sustenta a compra.

A moto é a demanda, o item que conjuga capacidade de pagamento com necessidade.

O empreendedor deve ouvir muitas histórias de sonhos e desejos fantasiosos, mas deve ficar atento é às necessidades e capacidade de pagamento do cliente. Deve ajustar o seu negócio para atender *demandas*.

Vale aqui chamar a atenção para uma falha muito comum nas nossas empresas, que leva os vendedores a perderem muitas vendas e mesmo muitos clientes. É o pagamento de comissões por vendas.

Sempre tem jeito! Acredite em si, aprenda, trabalhe, você consegue...

33

Na ânsia de obter comissões mais elevadas na venda, o vendedor foca o desejo ou sonho do cliente e tenta empurrar mercadoria mais cara, dizendo que é o que melhor irá atendê-lo.

Esta imposição de algo bem mais caro planta na cabeça do cliente uma dúvida em relação ao que precisa comprar. Aí ele não compra o mais caro porque não pode, e não compra o mais barato porque não serve. Então procura outro fornecedor. A lógica é focar no bom atendimento à necessidade, nem mais nem menos. Isto é Qualidade.

Evidente que o vendedor pode apresentar uma alternativa mais luxuosa, mais bonita, e mais cara, mas deve deixar para o cliente a aventura de comprar algo mais caro só para atender seus sonhos e desejos.

C. Como o cliente gosta de comprar?

Outro aspecto a observar é o modo como o cliente gosta de gastar o seu dinheiro para adquirir coisas.

Algumas pessoas simplesmente olham preço sem se preocupar com características de desempenho dos produtos. Outros procuram saber tudo antes de adquirir. Alguns querem ter referencias, ou querem manusear o produto antes de comprar, outros não. Uns querem degustar, outros não. Isto interfere diretamente na maneira correta de expor o produto

O mesmo acontece com os meios de pagamento, alguns preferem pagar a vista, em dinheiro. Outros preferem cartão de credito, outros preferem pagar em boletos. Há os enrolados que compram e preferem não pagar, aí tentam manobras protelatórias.

Sempre tem jeito! Acredite em si, aprenda, trabalhe, você consegue...

Conhecer o perfil do cliente facilita muito no fechamento da venda.

D. Quando o cliente prefere comprar?

O Cliente, como o empreendedor, precisa fazer boa gestão financeira sobre os seus recursos. Ele não pode comprar o que quer, na hora que quer. Por isto, compreender o seu fluxo de recursos financeiros, e as épocas em que o cliente está mais aberto às compras é importante para os negócios.

E. Quanto ele pode gastar?

Ajustar a oferta de produtos e serviços com as demandas pelos mesmos é essencial. Ofertar bijuteria para o público Classe A é tão errado como ofertar diamantes para o publico Classe D.

A segmentação dos negócios, usualmente classificados por classes A, B, C, D, E, ajuda a oferecer o produto certo, à pessoa certa, do jeito certo, na hora certa.

Compreender a capacidade de pagamento, o volume usual de compras, o valor médio de cada compra em cada segmento é também importante para promover o produto certo, ao público certo, na época correta.

F. Onde O cliente gosta de comprar

Um ponto de venda é algo decisivo em um negócio. Quando o ponto de venda é bom, muitas pessoas tem fácil acesso a ele. Quando é ruim, o gasto com publicidade para atrair clientes é enorme. Isto explica, por exemplo, a força comercial de um Shopping Center: você atrai para um mesmo ponto muitas

---

Sempre tem jeito! Acredite em si, aprenda, trabalhe, você consegue...

pessoas com interesses diversos e cria uma grande circulação delas na frente dos comércios.

Mas os shoppings são estruturas muito caras. Assim, a maioria dos nossos pontos de venda ainda está dispersos em lojas tradicionais nas ruas e bairros das cidades.

Neste caso, o leitor deve ficar muito atento para não cair na ilusão de que pode efetivar facilmente boas vendas em um ponto ruim. Não pode. Por isto, escolha bem onde vai oferecer seu produto ou serviço ao cliente, isto é decisivo.

Todos os locais caracterizados como bons pontos de venda são mais valorizados, e aluguéis ali são mesmo mais caros.

Mas vale aqui introduzir a sabedoria popular a respeito do caro e do barato no mundo dos negócios. Como dizia um empresário amigo, *"caro é tudo que não dá resultado."* Não adianta você ter um aluguel de baixo valor onde não vende, é preferível pagar um pouco mais e vender, e compensar a diferença no esforço de venda.

Existem muitos outros pontos de vendas além das lojas tradicionais, e eles precisam ser observados como oportunidade. O mais importante deles hoje, sem dúvida, é a internet. Ela fez uma radical alteração em relação à localização do ponto de venda, e entendo que vá crescer ainda mais, pelas facilidades que oferece.

Pode-se ainda vender em feiras, de porta em porta, em eventos ou outros locais, basta ficar atento para saber onde encontrar o cliente e usar a criatividade para mostrar seus produtos e serviços.

Sempre tem jeito! Acredite em si, aprenda, trabalhe, você consegue...

Compreender o cliente e se estabelecer no mercado não é tão complicado, mas certamente é um pouco demorado, pois são vários aspectos a observar e muitos os clientes. Por isto, não espere que você vá montar um negócio hoje e amanhã sair dando pulos de alegria porque deu certo. Ao longo do tempo, naturalmente você vai aprendendo, e logo dominará a arte de saber ganhar dinheiro.

Não desanime ao primeiro obstáculo, no curtíssimo prazo a única coisa que resolve sua vida legalmente é a loteria. Uma chance em cinquenta milhões. Mais fácil você acreditar e trabalhar bem. Depois que aprender, nunca mais esquece.

E lembre-se da sabedoria popular, em um antigo ditado muito usado por comerciantes: *"o montinho cresce é devagarinho"*. Há o tempo de semear, há o tempo de adubar e irrigar, há o tempo da floração, há o tempo de espera pelo amadurecimento, só depois vem o tempo da colheita. Na colheita o monte cresce grão por grão.

Mais importante do que a pressa em ficar rico deve ser a pressa em entrar em sintonia com seu cliente, para mais rápido dominar seus negócios. Assim fará sua colheita mais rapidamente. Colhendo, a sabedoria é aprender a guardar.

Para ajustar uma sintonia fina com os clientes há dois caminhos: O primeiro, e certamente o melhor e mais importante, é o bom relacionamento. Conhecer a pessoa, seus hábitos, suas preferencias, sua capacidade de pagamento, sua seriedade em honrar compromissos, é a chave dos negócios.

E preste atenção porque neste caminho, o dos relacionamentos, alguém afixou uma placa com um ditado popular; *"você tem duas orelhas e uma boca, que é para ouvir duas vezes mais do que fala"*, e eu acrescentaria a este ditado, e *você ainda tem dois olhos para ver, e os sentidos do tato para perceber cliente.*

Sempre tem jeito! Acredite em si, aprenda, trabalhe, você consegue...

O segundo caminho é de enorme importância para quem tem muitos clientes que transitam diariamente, tipo padaria, supermercado, farmácia, loja de departamentos, escolas e outros.

Este de tipo de negócio torna muito difícil o relacionamento interpessoal e assim fica complicado compreender e atender as demandas dos clientes. Pela frequência em que acontece este tipo de negócio, e pela importância do assunto, vamos detalhar a seguir um pouco mais o assunto. Você verá que tem jeito de saber mais sobre o cliente para impulsionar vendas, só que não é de qualquer jeito...

VOLUME GRANDE DE CLIENTES.

Para entender as demandas quando o valor numérico de clientes é elevado, é preciso usar a matemática, avançando um pouco na estatística. E o instrumento a ser usado para esta finalidade é a pesquisa. Em negócios com muitos clientes ela é vital.

Para um número pequeno de clientes, você mesmo pode pesquisar simplesmente perguntando diretamente a eles o que deseja saber. Aí, anota tudo e tirando conclusões. Um relacionamento é a maneira mais efetiva de obter informações seguras.

No entanto, em um número muito grande de clientes a conversa direta muitas vezes se torna inviável. Aí você deve procurar outras formas de obter as informações para tirar conclusões, antes de tomar decisões.

Vou contar aqui um caso em que atuei como consultor em que fazer uma pesquisa foi decisiva para uma decisão correta:

Eu estava atendendo a um clube de lazer com um grande número de associados. Era um clube com uma enorme área verde, várias piscinas,

Sempre tem jeito! Acredite em si, aprenda, trabalhe, você consegue...

38

excelente campo de futebol, quadras cobertas, saunas, enfim, muito bem estruturado.

Havia neste clube um bar com restaurante integrado, e quem ali explorava os serviços era um concessionário autorizado pelo clube.

O Presidente do clube apontou-me sua preocupação em melhorar os serviços do bar e restaurante. Já pensava em substituir o concessionário porque muitos associados do clube estavam reclamando. Segundo ele "todo mundo" reclamava.

O Presidente era um senhor mais velho, muito equilibrado, contador, e que, portanto tinha afinidade com números. Eu lhe disse: Olha Alberto, o clube tem muitos sócios e tomar uma decisão deste porte sem uma pesquisa é algo temerário, você pode errar feio. Dei-lhe mais argumentos para obter mais informações antes de aceitar a decisão como a melhor, e ele permitiu que eu fizesse uma pesquisa.

Levantei todas as informações que desejávamos, organizei em um questionário, e reuni duzentos e cinquenta associados, apenas uma parcela dos sócios, mas um número estatisticamente mais que suficiente para assegurar confiabilidade à pesquisa.

Submeti ao grupo o questionário com o cuidado de incluir anonimato na pesquisa para deixar as pessoas mais à vontade. Podiam colocar respostas criticando livremente sem nenhum constrangimento. Promovi amplo debate em grupos para assegurar a boa compreensão das informações e um bom nivelamento dos conceitos entre os sócios.

O resultado foi surpreendente: noventa e oito por cento dos associados estavam muito satisfeitos com o concessionário. Apenas dois por cento tinham algum tipo de reclamação entre elas preço, rapidez dos serviços, qualidade de um ou outro prato, etc., e apenas quatro ou cinco sócios na

Sempre tem jeito! Acredite em si, aprenda, trabalhe, você consegue...

39

amostra eram a favor da troca do concessionário. As insatisfações eram pontuais, mas no geral gostavam do concessionário.

Analisei bem as respostas e abri um debate na diretoria do clube para entender a diferença entre o que falavam os diretores e o resultado da pesquisa. A conclusão da diretoria foi unanime. Concordaram que um pequeno grupo de pessoas mais velhas que frequentavam todos os dias o clube, apelidados de cabecinhas de prata, reclamavam falando como se fossem porta voz dos demais, o que não era verdade. Por estarem todos os dias no clube, todos os dias batiam na mesma tecla e faziam um barulho enorme. Felizmente a decisão incorreta foi barrada e o concessionário foi orientado para atuar onde deveria para melhorar a prestação do serviço.

Assim como no exemplo, caso real em que o Presidente estava sendo influenciado para tomar a decisão errada, na vida diária do empreendedor também ele é influenciado por funcionários, pessoas amigas, parentes, fornecedores, e outros a tomar decisões erradas, quando não às toma por palpite próprio derivado de impulso.

Fatos, dados, e números ajudam a tomar decisões corretas, já palpites e achismos induzem ao erro.

Nota: Uma *pesquisa não é complicada de ser feita. É só organizar informações que se deseja, coletar as informações com as pessoa, e associar números e contas às respostas. No entanto, por não ser proposito desta obra aprofundar em aspectos numéricos, não vamos explica-las aqui. A orientação é que o leitor busque aprofundar seus conhecimentos em pesquisa consultando outros autores, ou na internet, que também oferece muitas informações.*

Uma forma simples de fazer pesquisa é você acostumar a pensar em percentuais. Em cem pessoas, quantas preferem isto ou aquilo. Isto vai dar a você uma boa noção do que precisa fazer.

Sempre tem jeito! Acredite em si, aprenda, trabalhe, você consegue...

4- FAZER NEGÓCIOS.

Não basta ter clientes, comprar e vender. É preciso mais, é preciso fazer bons negócios, ter lucro e se esforçar para prosperar.

Um negócio é uma troca, mercadoria por mercadoria, mercadoria por dinheiro, ou outra forma de troca com outra pessoa. Em suma, não existem negócios, trocas, sem relacionamentos. Isto leva à necessidade de desenvolver a capacidade de saber tratar com as pessoas.

E vamos além, os negócios envolvem também muitos interesses diferentes de outras pessoas, é preciso compreendê-los. Fato é que existem muitas outras pessoas ao seu redor buscando também fazer seus próprios negócios para atender seus legítimos interesses individuais. É preciso entender este movimento do mundo dos negócios e aprender a tratar todos: alguns como parceiros, outros como adversários, mas nunca alguém como inimigo.

A diferença entre adversário e inimigo você pode perceber no campo de competição.

Em um jogo de futebol o campo da competição é gramado, a arma é a bola, e todos lutam para vencer, mas após cada jogo, todos são capazes de conversar entre si e até tomar umas cervejas juntos. Dizemos que os times aqui são adversários. Adversário pode ser um amigo, e só luta em campos contrários no momento da competição. Em determinadas situações adversários até jogam juntos, como é o caso das seleções. Adversários querem é vencer, se dar bem, mas não trabalham para destruir o outro, às vezes são até parceiros.

Em uma guerra é outra coisa, ali as pessoas são inimigas. Uma guerra é uma coisa que a gente sabe como começa, mas nunca sabe como

Sempre tem jeito! Acredite em si, aprenda, trabalhe, você consegue...

41

vai terminar, pois um inimigo trabalha para destruir o outro. Este é o objetivo de cada um.

Na guerra, o campo de competição é indefinido, pode ser terra, ar ou mar. As armas de guerra visam matar o inimigo e destruir suas propriedades. O objetivo é dominar, eliminar um obstáculo, não apenas ganhar um jogo. Conversa é inviável, as pessoas querem é se destruir...

Nos negócios o empreendedor deve evitar iniciar uma guerra, pois em uma guerra os dois lados saem perdendo algo. Se ela já foi iniciada, deve se esforçar ao máximo para voltar a um processo de paz. Inimigos são totalmente indesejáveis na vida.

Quando se faz negócios o objetivo é sempre conquistar algo que desejamos. Em geral o lucro é a coisa a ser perseguida. O lucro, por ser vital para o empreendimento, precisa existir. Mas ele não pode ser obtido de qualquer jeito.

Saber fazer negócios é decisivo para permanecer no mundo dos negócios. Assim, em vez de tentar ser um espertalhão, e passar a perna nos outros, ou ser agressivo demais e partir para a guerra, seja esperto, inteligente, criativo e descubra maneiras de ser melhor que seu concorrente. Seja bom negociador, use bons argumentos, boas formas de comprar por menos e vender por mais, ceda um pouco em algo para conquistar outra coisa que você deseja.

Esta maneira leve e inteligente de ser é fundamental, pois será preciso conjugar diversos fatores para as coisas darem certo. Vamos a um exemplo para compreender como alguns destes fatores interagem.

Vamos supor que você monte uma padaria. Precisará comprar produtos de fornecedores a um custo razoável, fazer o pão através de pessoas que produzam com qualidade sem desperdícios, vender,

---

Sempre tem jeito! Acredite em si, aprenda, trabalhe, você consegue...

embalar, receber, de uma forma que seus clientes comprem uma vez e voltem.

Além destas atividades operacionais ligadas diretamente aos clientes, precisará também consertar maquinas, comprar novos balcões de tempos em tempos, e modernizar as instalações, para que seu negócio seja atrativo. Se você não cuidar e modernizar seu empreendimento ficará com um negócio ruim, que morrerá porque ficou velho e obsoleto.

Só que na sua padaria você não pode fazer o que deseja na hora que deseja. Não é fácil assim. No seu caminho tem seus concorrentes que também lutam pelos clientes e que oferecem preços, qualidade e prazo, que limitam o que você pode fazer. É uma competição, o melhor vai conquistar o cliente...

Você precisa vender, ganhar dinheiro para conseguir investir para ser cada dia melhor, só assim sobrevive e cresce.

No entanto, existe um obstáculo: você não pode incluir no custo do pão os recursos que precisará para melhorar ou até expandir seu negócio. Se assim fizer, elevará o preço de venda e os clientes vão para o concorrente.

Os negócios diários estão ligados às melhorias futuras, este é um caminhar constante. É difícil mesmo, é preciso pagar as contas diárias e ainda ter dinheiro para as melhorias.

Como fazer?

A resposta é, para fazer bons negócios você precisa aprender a vender com lucro, e depois precisa aprender a guardar uma parte para se desenvolver. O desenvolvimento dos negócios vem é através da parcela do lucro do dia a dia, de cada pãozinho. É o lucro que financia sua vida como empreendedor.

Sempre tem jeito! Acredite em si, aprenda, trabalhe, você consegue...

Mas como assegurar o lucro?

Você deverá aprender duas coisas. Uma, a mais evidente, é aprender a fazer negócios, comprar por menos e vender por mais. A outra é aprender a calcular o custo real daquilo que vende, reduzir custos continuamente, e colocar o preço de venda com uma sobra justa para seu lucro, compatível com os preços praticados no mercado.

Sobreviver no mundo dos negócios exigirá que você cuide bem do seu negócio, para isto deverá conhecê-lo em detalhes.

A maioria dos empreendedores principiantes e de micro e pequenos empreendedores cometem graves erros por desconhecer detalhes dos seus negócios. Assim, não sabem bem o que incide no custo daquilo que vendem, e então, na ilusão de que estão trabalhando com lucro, fracassam. O fato é grave, pois alguns iniciantes ainda cometem o erro grosseiro de achar que lucro é o simples resultado da diferença entre o valor da venda e o da compra da mercadoria.

É preciso contabilizar todos os custos antes de saber o lucro. Na hora de colocar preço de venda, é preciso lembrar que existem outras contas que precisam ser pagas, como impostos, aluguéis, encargos sociais, luz e agua, e um monte de pequenas outras despesas.

Como a relação dos custos com o preço de venda é vital para qualquer negócio a forma de calcular os custos, formar o preço de venda, e prever o lucro é apresentada em outro capitulo e nos anexos. Por enquanto vamos aprofundar um pouco em outras questões também muito importantes relacionadas ao negócio começando pela compra.

1- COMPRA

As compras influenciam alguns tipos de negócios de maneira decisiva, seja pelos preços adquiridos, pela qualidade do que se compra, ou pelos prazos de entrega.

Sempre tem jeito! Acredite em si, aprenda, trabalhe, você consegue...

O preço das mercadorias adquiridas incide diretamente no lucro, que é calculado pela soma de *todas as receitas* menos a soma de *todas as despesas*, ou L = R-D. Nesta conta, as receitas são apuradas pelos diversos tipos de vendas, e as despesas pelos diversos custos.

O raciocínio para ter bons lucros é simples: vender a um preço que seja bom para você e para o cliente, para segura-lo, e comprar ao menor custo possível. Além disto, é preciso ser muito austero com as demais despesas, evitando excessos, desperdícios e irregularidades.

Observe que na maioria dos negócios relacionados ao comercio a compra de mercadorias representa a maior parte dos custos. Já quando a atividade é industrial ou de prestação de serviços, outros custos crescem em importância, tais como mão-de-obra e energia, por exemplo.

Comprar bem é decisivo para vender bem e ganhar dinheiro. Isto porque o não só o preço pago e a forma de pagamento influenciam diretamente os preços de venda e o fluxo financeiro, mas também a qualidade das mercadorias atrai ou afasta clientes, e os prazos de entrega influenciam as entregas.

Por isto, o empreendedor precisa ficar atento aos seguintes aspectos quando for comprar:

- Uma mercadoria comprada só gera receitas para a empresa, e lucro, quando sua venda é concluída e paga, ou seja, o dinheiro entra no caixa. Assim comprar mercadorias que vão ficar paradas significa deixar dinheiro imobilizado, travado.

- Mercadoria parada no estoque deteriora, perde a validade e sai de moda, portanto se comprada em excesso pode significar enormes prejuízos. Estoques elevados apenas se justificam

---

Sempre tem jeito! Acredite em si, aprenda, trabalhe, você consegue...

quando há boas vendas, com risco dos fornecedores interromperem as entregas, ou de outra forma quando há promoções tão boas que justifiquem o risco.

- Compras parceladas em muitos meses significa que será preciso ter receitas nas datas dos vencimentos das parcelas para quitar a compra. Quando as parcelas vencerem o dinheiro para pagar precisa estar reservado, senão você perde o crédito na praça. Além disto, compras parceladas são mais caras porque sempre vem com juros acoplados.

  Em outras palavras, controle bem suas finanças, faça previsão para pagamento nos prazos em que você compra. Muito cuidado com compras parceladas, sem bom controle elas viram uma bola de neve.

- Comprar parcelado, e junto antecipar receitas das vendas destas mercadorias, promove o que chamamos *"buraco debaixo do pé"*. Ou seja, tem uma divida lá na frente, mas não tem mais a sustentação da receita para paga-la, porque você gasta o dinheiro de pagar a parcela. Buraco debaixo do pé quebra o negócio.

- Verifique sua capacidade de armazenar as mercadorias antes de autorizar a compra. Mercadorias mal armazenadas deterioram, e compras em excesso usualmente abarrotam o armazém, dificultam localização e movimentação, e estragam. Aí o prejuízo é certo.

- Assegure-se da qualidade das mercadorias que vai adquirir. Se necessário faça testes antes de comprar e cadastre o fornecedor como confiável ou não.

  Mercadorias ruins são prejuízo e dor de cabeça com certeza. Comprometem relações com clientes e colocam inúmeros outros

Sempre tem jeito! Acredite em si, aprenda, trabalhe, você consegue...

prejuízos dentro da empresa. Entre eles podemos citar: custo de armazenagem, atrasos em produção e entrega, custos de devolução e acertos, retrabalhos etc. Em outras palavras, quando um fornecedor lhe entrega algo ruim, passa para você os custos da incompetência dele.

Aqui você deve ter atenção especial para o ditado popular *"o barato muitas vezes sai caro"*. Não olhe só preço...

Uma observação: fornecedores com certificados de garantia da qualidade ISO 9000 ou equivalente, em geral conseguem repetir a qualidade de seus produtos. Por isto representam parceiros mais confiáveis.

Se um fornecedor não tem esta certificação você precisa fazer inspeção de recebimento em todo fornecimento para não comprar gato por lebre. É que em geral quem não tem Programa de Garantia da Qualidade não consegue repetir a mesma qualidade na fabricação sempre.

Nota: Inspeções de qualidade podem ser feitas por amostragem, o que significa inspecionar apenas uma parcela do que foi entregue. Livros sobre qualidade e estatísticas explicam como fazer esta amostragem com segurança.

- Fique atento porque se você tiver por hábito não verificar a qualidade e quantidade no recebimento, e os fornecedores perceberem sua fraqueza, aqueles que não são sérios vão empurrar mercadoria ruim em cima de você, ou entregar menos que informam, em suma, vão furtar você.

Sempre tem jeito! Acredite em si, aprenda, trabalhe, você consegue...

2- VENDAS

Antes de montar seu negócio, e decidir o que vai colocar para vender, você precisa saber com bastante segurança para quem vai vender, e até onde for possível, o que estas pessoas estão dispostas a comprar.

Não caia na armadilha de montar um negócio porque você é bom em fazer algo. Sem vendas nenhum negócio prospera. Por isto, não adianta saber fazer coisas maravilhosas, ou ter dinheiro para montar uma fábrica moderna ou uma linda loja. A venda é que torna real um negócio.

A sabedoria do empreendedor está em descobrir o que vender. Este é o pulo do gato. E o que se vende é aquilo que atende necessidades dos clientes. Neste ponto fique alerta, o que você precisa compreender são as demandas do cliente, necessidades e a capacidade de pagar, e não seus sonhos, desejos e até fantasias.

Vou contar um caso real para você entender:

Certa vez me convidaram para dar um curso para artesãos da área de confecção, os quais desejavam iniciar negócios.

Trabalhei com os alunos os conceitos básicos de um negócio, depois fiz uma enquete na turma. Pedi para que todos escrevessem em uma folha de papel cinco coisas que gostariam de comprar. Escreveram e eu anotei no quadro tudo o que todo mundo da turma disse que iria comprar.

Aí pedi as pessoas para definirem que negócios montariam tendo como referencia a pesquisa realizada.

Depois repeti a mesma enquete, com um detalhe, cinco coisas que comprariam no momento, com o dinheiro que possuíam no mês.

Sempre tem jeito! Acredite em si, aprenda, trabalhe, você consegue...

Anotei no quadro novamente.

A discrepância foi de cem por cento. Quem disse que iria montar um negócio baseado na primeira pesquisa, se o fizesse teria quebrado. Não venderia nada. Isto porque na primeira pesquisa as pessoas colocaram suas fantasias, desejos e sonhos, e na segunda pesquisa colocaram sua realidade e suas necessidades.

Ou seja, o que a pessoa sonha ou deseja comprar sem olhar para sua carteira é totalmente diferente do que ela compra com o dinheiro contado que tem para viver.

Com isto mostrei aos alunos que não adianta perguntar às pessoas o que elas gostariam de comprar, seus sonhos e desejos. É preciso ir mais além, é preciso conversar com elas, compreender melhor suas vidas e o que elas compram com o dinheiro que possuem. E o que vão comprar é o que necessitam realmente.

O fato se vê na prateleira do supermercado. Existem marcas famosas, produtos supérfluos bem interessantes, com embalagens lindas que o cliente gostaria de levar. No entanto, quando olha para a sua carteira ele procura pesar melhor a relação preço x qualidade x necessidade, e em geral leva produtos mais em conta que realmente precisa.

Esta é uma diferença decisiva para quem quer montar um negócio.

Quando você compreende muito bem as demandas do cliente, as vendas são muito fáceis, quando não compreende, são muito difíceis, você tem que fazer um enorme esforço para vender.

Um exemplo sobre vender o que o cliente precisa, e vender o que você quer empurrar nele, você pode constatar em uma brincadeira: *"Coloque*

Sempre tem jeito! Acredite em si, aprenda, trabalhe, você consegue...

49

um pedaço de linguiça sobre uma mesa e empurre". Você verá que ele dobra todo e não vai. Este é o esforço de venda quando você tenta empurrar mercadoria no cliente. Agora inverta o processo, *"puxe a linguiça em vez de empurrar".* Você verá que ela vem retinha e não dobra. Esta é a demanda do cliente. Se você vende o que o cliente necessita, e pode pagar, não precisa se esforçar para vender, ele vai atrás de você.

Nos diversos livros sobre vendas você aprenderá muitas coisas importantes, muitas dicas, e é importante lê-los, pois você aprenderá com as experiências de outros que também vivem de negócios.

Aqui gostaria ainda de chamar sua atenção para mais algumas coisas:

- O cliente é sempre um ser humano. E nós humanos somos complexos. Temos preferencias, insatisfações, murrinhas, sonhos, variações de humor, e outras características que precisam ser observadas.

  Importante você estar sempre atento para o fato de que cada ser é único, diferente do outro, e tem sua maneira própria de ser. Assim, você não poderá moldar seus clientes à sua forma, ao contrário, é mais fácil você se adaptar a eles. Neste sentido, a primeira decisão que você precisa tomar em seu negócio é *"vou querer vender para esta pessoa ou vou querer ter razão sobre ela?".*

  Seguindo o ditado popular que diz, *"eu não quero ter razão, eu quero é ser feliz"* é melhor abrir mão de ter razão e conseguir bons negócios...

  Dale Carnegie dizia *"se quer colher mel não espante a colmeia".*

Sempre tem jeito! Acredite em si, aprenda, trabalhe, você consegue...

50

Tratar bem as pessoas, mesmo muito diferentes de você é essencial; Isto vale não só para você, mas para todo mundo que trabalha com você em seu negócio. Com isto você e seu grupo atraem as pessoas, e criam bons relacionamentos que resultarão em boas relações comerciais e ótimo ambiente em seu negócio.

- Em relação às características individuais de cada pessoa, que não considero defeitos mas sim diferenças, chamo a atenção para dois aspectos.

O primeiro é relacionado à índole, em especial à má índole das pessoas, que é a tendência de um individuo aceitar a ideia de que pode prejudicar o outro para tirar algum proveito.

Pessoas com má índole roubam, corrompem, fazem estelionato, intrigas, e cometem outros atos inadequados ao convívio social, e em especial aos negócios. Tenho por norma excluir estas pessoas do convívio, ou reduzir ao máximo possível o convívio com elas. Isto porque, como leigo em psicologia não consigo agir para reverter esta índole, que é um problema interno dela. Estas pessoas um dia fatalmente criam um problema...

Conto uma historinha para exemplificar:

Dizem que houve uma enchente e o rio transbordou deixando alguns animais presos em suas margens. Um escorpião desejando atravessar para outra margem pediu carona ao cavalo que ia nadar até lá. O cavalo então disse "eu não posso leva-lo, você vai me picar". O escorpião argumentou que não, que jamais faria aquilo com uma pessoa que o ajudava. Insistiu até que o cavalo cedeu e deu lhe carona. No meio da travessia o escorpião deu uma picada nas costas do cavalo, ao que ele prontamente reclamou "você falou que não ia me picar...". O escorpião então disse, "desculpe, mas é minha índole...".

Sempre tem jeito! Acredite em si, aprenda, trabalhe, você consegue...

Pessoas difíceis e muito diferentes são desafios que precisamos enfrentar, elas fazem parte de nossa realidade. No entanto, pessoas de índole ruim e mau caráter, são e devem ser evitadas, felizmente são a exceção...

O segundo aspecto para o qual desejo chamar a atenção é sobre as pessoas de boa fé.

Excluindo a má índole, e as pessoas que a possuem, as demais características humanas precisam ser tratadas pensando sempre que precisamos convergir para bons relacionamentos. Assim precisamos ser pacientes e tolerantes uns aos outros para o bem coletivo. Em vez de apontarmos defeitos, melhor ajudar a melhorar o que não está bom... Isto é essencial também nos negócios.

- Outro aspecto a observar é a característica dominante nas vendas, de receber um *não*.

Muitas pessoas detestam a profissão de vendedor porque a todo o momento recebem um não. Oferecem um produto ou serviço e o pretenso cliente não compra.

Isto não tem nada a ver com o produto ofertado ou com a pessoa que está tentando vender. Usualmente tem a ver com as demandas do cliente.

Perceba por você, se alguém lhe oferece algo que não é o que quer, é normal você dizer não. Alguns dizem um não educado, outros um não arrogante, depende do estilo de cada um. É natural, pois as pessoas não compram todas as coisas. Acolher o

Sempre tem jeito! Acredite em si, aprenda, trabalhe, você consegue...

não é respeitar a vontade do cliente, e isto faz parte do processo de vendas.

Por isto, ao estabelecer seu negócio aceite o não como normal, mas fique muito atento ao *não excessivo*. Ele pode ser sinal importante de alerta para o fato de que você está oferecendo aquilo que atende o cliente. Isto sim precisa ser ajustado, e neste caso você deve rever suas percepções sobre necessidades e demandas dos clientes.

- Outro item a considerar em vendas é o que você vende.

Você encontrará nos livros inúmeras ideias sobre como abordar o cliente, como usar estratégias para promover aceitação daquilo que você vende, mas para qualquer uma delas dar certo você precisará compreender o que realmente vende primeiro.

Chamo aqui sua atenção para o fato de que existe uma coisa que vem antes de tudo o que você vende. É a regra numero um, a que o fará vender uma vez e manter os clientes: é a confiança.

Sem confiança você não caminha no mundo dos negócios.

Antes de vender qualquer coisa você precisa parecer confiável, precisa transferir a imagem de que não deseja se aproveitar do outro naquele momento. Quando vender precisa ser confiável e entregar realmente o que promete. Após vender precisa continuar confiável, dar assistência e não deixar seu cliente na mão.

Permita-me um paralelo:

Fazer negócios continuamente é como estabelecer uma relação estável e duradoura, um casamento.

Sempre tem jeito! Acredite em si, aprenda, trabalhe, você consegue...

Primeiro é preciso haver atração, confiança na imagem que o outro transmite. Se não se passa confiança neste momento, se a coisa não atende, o cliente procura outra vitrine...

Estabelecida a confiança inicial, acontece uma conversa onde um procura se vender ao outro, até que se ajustem as condições para acontecer a união, ou a venda.

A proposta no momento da venda, é que as trocas, as entregas serão boas para os dois, ambos vão se beneficiar.

No caso do casal, ambos acreditam que vão ser felizes para sempre.

No nosso caso, de negócios, a troca acontece com o cliente ganhando um produto ou serviço que resolve suas necessidades por um preço que concorda pagar, e o vendedor recebe o dinheiro para continuar seus negócios.

Se acontece um problema após o casamento, ou a venda, só o diálogo, uma conversa em nível de confiança mútua conseguirá produzir uma solução que amenizará ou resolverá o conflito.

Em suma: para aproximar, confiança; para vender, confiança; para manter, confiança.

O resto são estratégias e argumentos de vendas.

Sempre tem jeito! Acredite em si, aprenda, trabalhe, você consegue...

5- GESTÃO

Viver no mundo dos negócios é como caminhar em região montanhosa. Quem faz caminhadas nas matas e trilhas, ou já viveu na roça, sabe bem como é o caminhar na natureza onde existem morros. Às vezes encontramos subidas íngremes, que nos exigem muito esforço, depois encontramos lugares planos onde podemos caminhar mais tranquilamente, e às vezes somos obrigados a descer até um vale para atravessar e para conseguir subir outra montanha. Quando chegamos ao topo de uma montanha, olhamos adiante e lá longe vemos outra montanha, e ai vem novo desafio, caminhar e subir de novo...

Um dos grandes empresários do Brasil foi um nordestino que costumavam chamar de Capitão de Indústrias. Este apelido existia porque ele havia criado muitas indústrias diferentes, e tido sucesso com quase todas.

Certa vez, em entrevista na TV, uma repórter lhe perguntou como ele enfrentava tantos desafios e construía tantas empresas. Em sua forma nordestina de falar ele disse: "É assim minha filha, é que nem a gente andar numa fazenda, a gente vê um morro lá na frente e cisma de subir lá em cima pra vê do alto a paisagem. Aí a gente sobe lá, e longe vê outro morro que parece mais alto. Então a gente não resiste de vontade, caminha até lá, rala todo, mas sobe o outro morro. Pior é que quando a gente tá lá em cima avista mais outro morro... disse rindo".

Subir o morro em termos empresariais é implantar um negócio e deixa-lo operando produzindo resultados, ou seja, servindo a sociedade e dando lucro.

Existem aqui dois momentos distintos, o da caminhada e subida até o topo, e o da permanência em cima. Em outras palavras, um negócio

Sempre tem jeito! Acredite em si, aprenda, trabalhe, você consegue...

55

exige gestão, que no fundo é se preocupar com *o que fazer para melhorar* e, *como manter o que foi conquistado.*

Um dos meus gurus prediletos em administração, o Senhor Joseph Juran, a este respeito dizia o óbvio, mas que gente pouca observa. Dizia ele, se você sobe e uma altura e depois desce a mesma altura, você fica no mesmo nível, não melhora. Para melhorar, dizia ele, você precisa sair de um nível, subir, e tomar medidas para permanecer neste novo nível até que possa subir novamente.

Juran se referenciava às duas situações distintas, subir e descer, ou subir e permanecer, com dois apelidos. À primeira, sobre melhorar de vida e ter uma recaída e voltar ao patamar anterior, chamava *efeito serrote,* porque a situação se assemelha aos dentes de um serrote, sobe e desce em todo o fio.

À segunda sobre melhorar de vida, manter e depois melhorar de novo, ele chamava *efeito escada,* porque lembra os degraus e os patamares das escadas que levam de um andar ao outro.

Juran resumia esta historia dizendo simplesmente que a responsabilidade de quem cuida de um negócio se resume a dois aspectos apenas: *manter e melhorar,* o que em outras palavras significa fazer gestão do negócio.

Para melhorar é preciso pensar certo, e agir certo.

Para agir da forma adequada, e atingir a melhoria de forma segura, é preciso começar deixando bem claro onde se deseja chegar, ou o que se deseja melhorar. Diz o ditado popular *"se você não sabe aonde quer ir, pode pegar qualquer caminho que você chega lá".*

Para fazer certo é preciso ter uma visão, uma imagem mental clara daquilo que se pretende. E se for algo grande, ou muito longe, criar uma

Sempre tem jeito! Acredite em si, aprenda, trabalhe, você consegue...

56

imagem mental das etapas possíveis, dos pontos de parada intermediários. Não dá pra fazer uma coisa muito grande de uma só vez, nem uma viagem muito longa. É preciso dividir em etapas, ou fases.

Em seguida é preciso pensar em alternativas, nos caminhos, jeito de fazer, e nos recursos que poderá utilizar que poderão leva-lo a atingir o que pretende em cada etapa. Não se pode sair caminhando, empreendendo e fazendo coisas sem a previsão em detalhes de cada ação para dar certo.

Definido o caminho a seguir é preciso organizar os recursos existentes, capacitar as pessoas que vão fazer, definir prazos de cada ação, e agir. Chamamos a isto Planejamento.
Observe que ao definir o caminho e como agir, você já deverá simultaneamente saber os recursos que terá. Em outras palavras, *"se vai ter que bater um prego, pense também que você precisará de um martelo ou algo equivalente"*.

Vamos a um exemplo bem simples de planejamento.

Imagine que você foi fazer uma trilha e ficou perdido na mata. Levou consigo um facão, uma faca, lanterna e alimentos que o permitem se alimentar por três dias. Nas imediações existe água potável em um riacho. Você olha em volta e só mato, está esfriando e ameaça chover. A noite está chegando.

Se você ficar molhado em tempo frio certamente adoecerá e a coisa pode se complicar muito, então resolve fazer um abrigo. Então pensa no que fazer, nas ferramentas que tem, imagina e cria uma visão de algo que precisa. Antes de fazer você constrói primeiro uma cabana na sua mente. Pensa no tamanho, como vai compor galhos e folhas para criar o abrigo. Pensa também em como vai prender as peças para deixar a estrutura firme.

Sempre tem jeito! Acredite em si, aprenda, trabalhe, você consegue...

Ai você decide, primeiro vou colher os galhos e folhas, depois monta o abrigo. E coloca um prazo, preciso terminar tudo com luz do dia ainda.

Observe que sem ter nenhum manual de planejamento você planejou.

Depois, seguindo seu planejamento, você buscou galhos e folhas, e em seguida montou a cabana, ou seja, você executou.

Se você for ficar mais dias ali, precisará cuidar de que sua cabana permaneça de pé, você precisa mantê-la até os socorristas o acharem, e também cuidar de ter provisões e água. A isto chamamos manter controle da situação.

Com um empreendimento, um negócio, o processo mental de planejar e de manter controle, é o mesmo.

Para planejar o trabalho a ser feito antes de partir para a ação, existe uma sequencia bem simples de passos que você pode seguir.

O primeiro passo é deixar bem claro *"para que?"* você vai fazer algo. O que espera obter com aquilo depois de realizado. É importante que você coloque prazo para conclusão. A esta definição daquilo que nos propomos a fazer, e do prazo para conclusão, chamamos objetivo.

Um objetivo é uma proposta bem clara e bem definida que nos impulsiona para uma ação. Não pode ser confundido com um desejo despretensioso de ter algo sem prazo definido.

Depois de colocar um objetivo é só pensar no caminho, fazendo perguntas bem simples. Estas perguntas são: O que precisarei fazer? Quem poderá fazer cada atividade? Até quando cada atividade precisa ficar pronta? Como se deve fazer cada atividade, tem algum detalhe? Quanto se deve gastar em cada atividade? Se necessário, para evitar enganos, esclareça porque cada atividade deve ser feita.

Sempre tem jeito! Acredite em si, aprenda, trabalhe, você consegue...

Mas lembre-se o Planejamento o aproxima daquilo que você deseja, e dá um caminho bem seguro, mas o planejamento não pode antecipar os acontecimentos, não pode prever a realidade, os incidentes, as surpresas. Assim fique atento e acompanhe a ação porque você sempre precisará ajustar alguma coisa para atingir seu objetivo. O ditado popular ensina *"planejamento é uma trilha e não um trilho"*.

Planejamento é decisivo para quem quer avançar em prazo mais curto com menos gasto de dinheiro e menos desperdício de recursos. Isto porque enquanto uma pessoa planeja, ela não consome recursos importantes, ao contrário, pensa em como economiza-los. No entanto, quando parte para a ação, consome muitos recursos, e se parte para a ação sem planejar, aí o consumo de recursos é muito mais elevado, e as chances de sucesso muito menores.

Manter e melhorar, ou fazer gestão, é a mesma coisa. Significa apenas **cuidar das suas coisas**, dos detalhes para fazer dar certo. E cada empreendedor precisa a fazer isto na sua vida, é sua responsabilidade direta e pessoal sobre o próprio negócio.

Os americanos dizem *"se você quer ter seu som na sua gaita, é você quem deve sopra-la"*.

E isto significa não só fazer o novo, mas, sobretudo não deixar estragar, perder ou morrer.

Como cuidar envolve o dia a dia do negócio, e tem características bem comuns entre os diversos negócios diferentes, vamos tratar destes aspectos nos próximos três capítulos que abordam finanças, processos e pessoas. Estas são as coisas principais que você deve cuidar para seu negócio dar certo.

Sempre tem jeito! Acredite em si, aprenda, trabalhe, você consegue...

6- CUIDAR DO SEU DINHEIRO

Quem monta seu primeiro negócio normalmente o faz cheio de dúvidas. Não conhece o mercado comprador, os fornecedores, produtos e serviços que mais giram, e muitas vezes começa com enorme aperto financeiro. Não existe dinheiro para tudo que precisa ser feito, na forma que precisa ser feito, por isto, improvisações são comuns.

Neste cenário tumultuado, são milhares de empreendedores que se perdem pelo caminho, e que quebram, ou fecham, antes mesmo do primeiro ano.

E um dos principais motivos da pessoa quebrar é simples: ela não se preocupa realmente com o próprio dinheiro como deveria. Autoriza despesas que não poderia nunca autorizar, depois tem que pagar, e aí o dinheiro vai embora. Sem capital um negócio agoniza.

O freio do dinheiro deve ser colocado na hora de autorizar uma despesa e não na hora de pagar a conta. É vital o empreendedor ser austero, rigoroso com seus gastos e, não soltar o dinheiro facilmente sem um justo motivo.

Lembro aqui um amigo, o Romulo, que trabalhava comigo em uma multinacional e que enriqueceu por saber usar bem seu dinheiro. Ele era mais velho e sempre me aconselhava: *"o dinheiro vem com muita dificuldade para as nossas mãos, é suado, assim não podemos passa-lo para as mãos dos outros facilmente"*. Austeridade, austeridade, austeridade, esta é a regra.

Outro aspecto é saber <u>usar bem</u> o dinheiro, em vez de gastar o dinheiro. Usar bem é saber fazer o dinheiro produzir melhorias reais em sua vida, coisas que deem retorno. Gastar é aplicar o dinheiro em coisas não produtivas, que não lhe proporcionarão bom retorno em curto e médio prazo.

Sempre tem jeito! Acredite em si, aprenda, trabalhe, você consegue...

Quem toma uma cerveja, fuma um cigarro, ou faz uma festa em um restaurante, gasta seu dinheiro e tem prazer com isto. Pode até achar que está gastando bem, mas o que ele aplica ali vai e não volta nunca mais.

Por outro lado, quem aplica bem seu dinheiro e recebe juros, quem o usa na compra de uma casa própria, ou investe em um negócio que dá boa rentabilidade, pode até ter certo aperto no momento, mas ao longo do tempo seu dinheiro volta multiplicado. Sua capacidade de compra cresce.

Cuidar do seu dinheiro é fazer com que ele aumente ao longo do tempo.

A riqueza é um processo de acumulação de capital, e ele só acumula se você guarda mais do que usa. É como uma caixa d'agua: se você coloca água e não retira, a caixa enche, se coloca com a torneira aberta em baixo ela custa a encher, ou até esvazia totalmente se a saída de água for maior que a entrada.

Insistindo um pouco mais na importância de cuidar do próprio capital, e da atitude que o empreendedor precisa ter com o mesmo, vamos comparar com uma situação ao que acontece nas famílias.

Quando uma mãe ou um pai vê um filho ou filha adolescente sair de casa pela primeira vez ele se cerca de inúmeros cuidados. Quer saber aonde vai, com quem, que meio de transporte usará, como são as condições do ambiente aonde irá, que horas voltará e com quem, e que meios de transporte usará. E mais, ficam acordados até o filho ou filha chegar em casa.

Esta preocupação com mínimos detalhes tem uma razão: os filhos são a coisa mais importante em suas vidas, e os pais não podem correr o risco de algo dar errado. Não podem perdê-los.

Sempre tem jeito! Acredite em si, aprenda, trabalhe, você consegue...

Em um empreendimento privado é a mesma coisa, o dinheiro é o sangue que corre nas veias da empresa. Se faltar dinheiro a empresa simplesmente vai à falência, morre. Por isto é preciso radicalizar e cuidar mesmo do dinheiro.

Assim, quando você entra em um ambiente de negócios, deve agir como os pais e se preocupar com os mínimos detalhes para nada dar errado, senão perde seu dinheiro, e seu negócio. Este é um mundo onde cada um defende seus interesses com muita garra. É como uma selva, com predadores e presas. Você tem que conquistar territórios sendo mais forte que seus oponentes, e se defender como puder porque os outros vão tentar tomar seus espaços. Ataque e defesa, esta é a lei da selva.

Neste sentido, de saber se defender e saber atacar, alguns cuidados são importantes:

- O primeiro é separar suas contas pessoais, da sua vida particular, do dinheiro que você movimenta em seu negócio. Compras para casa devem ser feitas com o dinheiro de um salário, ou pró-labore que você estabelece para você mesmo. Compras do negócio devem ser feitas com dinheiro que é do negócio, ou da empresa. A conversa entre estes estas duas fontes de despesas, pessoal e do negócio, deve ser assim: *"amigos, amigos, mas negócios à parte"*.

  Se você não separar o dinheiro de um dado negócio do que vem de outras fontes de rendas sua, como poupança, ou outras movimentações, logo você perderá o controle das contas do seu negócio e não saberá se ele dá lucro ou prejuízo. E este é o pior dos mundos para o empreendedor iniciante, é como atravessar uma avenida movimentada com olhos tampados: se chegar ao outro lado é sorte.

Sempre tem jeito! Acredite em si, aprenda, trabalhe, você consegue...

62

Apesar de esta ser uma falha crítica, infelizmente é também a falha que mais acontece. Em geral muita gente tem grande prejuízo, ou quebra no inicio e perde muito patrimônio por este descontrole.

- Um segundo aspecto é que é necessário saber mesmo se você opera em lucro ou prejuízo. Por isto, é preciso ter o trabalho de fazer uma analise dos resultados do negócio todos os meses. Lucro é essencial: *"Quem compra por cem e vende por cem, nada tem..."*.

Quando você fecha as contas ao final do mês e constata que ficou no prejuízo isto pode significar algumas coisas:

A primeira é que pode ser uma condição prevista, derivada de uma estratégia sua de trabalhar no momento com preços de venda baixos para atrair clientes, aceitando a chance de prejuízo controlado para ganhar nas vendas logo em seguida. Se feita sob controle esta ação não é um problema, ao contrario pode ser mesmo uma solução.

Outra coisa que pode significar é que o negócio está em sua fase inicial. Por isto, é natural que as vendas ainda sejam menores do que o necessário para pagar todas as despesas. Esta é uma situação transitória que não pode durar muitos meses, porque consome o capital. Quanto mais rápido se sair dela, melhor.

A outra causa do prejuízo, a mais grave e a mais comum, é que você está cuidando mal do seu dinheiro. Por sua falta de austeridade e por evitar fazer contas, às vezes preguiça mesmo, você trabalha o mês inteiro de graça para os outros, alias, você não só trabalha de graça, ainda paga para fornecer para os outros.

Sempre tem jeito! Acredite em si, aprenda, trabalhe, você consegue...

Prejuízo denuncia que a pessoa não dá a devida importância ao seu dinheiro e não se preocupa com a sua volta, como os pais fazem com os filhos.

Ser austero, duro, não abrir mão, não é questão de ser sovina, é questão de ter força e não autorizar despesas incoerentes com o momento do negócio, e não perder o controle da situação.

Gastar tempo fazendo contas, não é ser miserável, e ter cuidado, é fazer controle, e não dar uma de idiota, trabalhar feito maluco para não ganhar nada. Se você montou um negócio, exerça controle sobre ele.

Peter Drucker, o grande guru da administração mundial, foi enfático. Disse ele *"o único risco que o empreendedor não pode correr é o de quebrar o seu negócio"*. Autorizar operações com prejuízo ou operações de risco não calculado acabam com o empreendimento, por isto o empresário precisa ficar atento o tempo todo aos seus números.

E esta é a responsabilidade primeira do dono: ele precisa ser austero e firme. É como o povo costuma dizer na roça: *"o dono do boi é quem tem que pegar nos chifres"*.

Em outras palavras, você pode delegar um monte de coisas, mas não delegue o controle do seu dinheiro, tem muita gente querendo uma fatia dele. Além disto, existem outros que não se preocupam com ele porque simplesmente não lhes pertence, é problema seu...

- Cuidado com usar dinheiro alheio sobre o qual você pague juros ao movimentar seu negócio. *Dinheiro emprestado costuma vir rindo e voltar chorando*. É que ele costuma furtar seu lucro...

Sempre tem jeito! Acredite em si, aprenda, trabalhe, você consegue...

64

Nos negócios existe uma explicação do choro por causa de empréstimos. É que e o lucro nas empresas não é tão elevado como se possa imaginar, e aí as pessoas que não fazem o devido controle cometem sérios enganos.

A limitação do lucro que se pode obter nos negócios, ocorre porque existem concorrentes no mercado. São eles que limitam o preço máximo que se pode vender, e o lucro que se pode ter.

A causa é simples: se você vende muito mais caro que os concorrentes o cliente vai para embora e busca quem tem melhores preços. Aí você fica com estoque parado, apodrecendo, e com preços altos enfeitando as mercadorias até que você se dá conta que precisa abaixar seus preços...

Quanto mais concorrentes, menor é a diferença entre o preço de venda que você pode colocar e os custos totais que você pagou, ou seja, a lucratividade.

Quem limita o preço final que pode ser praticado é o mercado e não você.

Em muitos negócios a lucratividade real, o que sobra depois de pagar tudo, oscila entre cinco e dez por cento do faturamento. Um pouco a mais já anuncia um ótimo negócio.

Assim, se você contrata um empréstimo em banco ou com agiota para pagar cinco por cento ao mês, significa que você pode estar trabalhando apenas para o agiota ou o banco terem lucro, e não você.

Por isto, se esforce para fazer reserva e trabalhar ao máximo sem depender de grandes volumes de dinheiro de agentes financeiros. O que você paga aos bancos tem que caber dentro

Sempre tem jeito! Acredite em si, aprenda, trabalhe, você consegue...

65

do que sobra a você no negócio. E você saber com muita segurança quanto lhe sobra antes de pedir um empréstimo.

O conselho de administração de uma das maiores empresas do Brasil, e uma das mais antigas, segundo seu Presidente, jamais autorizava tomar empréstimos acima de quinze cento do total que iria usar em um investimento. Se não possuíam reserva de oitenta e cinco por cento, não investiam. Não sei se o numero é alto ou baixo, mas isto permitiu ao grupo crescer por mais de cem anos, e se tornar um gigante.

A pressa em ficar rico é o que leva muitos empreendedores às aventuras de tomarem dinheiro emprestado para fazer negócios, e a ficarem pendurados em bancos e agiotas. Melhor que a pressa é a disciplina na movimentação financeira, o bom planejamento para avançar, e o bom e permanente controle das operações. *"É de grão em grão que a galinha enche o papo...".*

Ao tomar dinheiro emprestado lembre-se que você precisará paga-lo, mesmo que a economia mude e suas vendas caiam, e ela muda. Neste sentido, o que você deu de garantia a quem emprestou poderá lhe ser tomado. É a hora do choro.

- Cuidar do dinheiro significa vigiar com atenção todas as operações para assegurar não só o lucro, mas também a sobrevivência do negócio, pois deixar um negócio sem lucro é como deixar uma planta sem água, é a morte.

Para calcular o lucro a conta é muito simples: a soma de todas as contas de receitas precisa ser maior que soma de todas as contas de despesas. Como isto é muito importante, vamos detalhar adiante como organizar estas contas, e organiza-las por grupos para não esquecer nenhuma.

Sempre tem jeito! Acredite em si, aprenda, trabalhe, você consegue...

- Um erro muito grosseiro, e também é muito comum que o principiante comete é calcular o lucro como se fosse o simples valor da venda menos o preço que pagou pela mercadoria. Isto não é lucro, isto se chama margem, e é esta margem que deverá pagar pessoal, alugueis e inúmeras despesas até você chegar ao lucro real, que é a sobra de tudo que recebeu menos o que pagou. Vamos tratar do calculo correto do lucro no ANEXO 3.

- Guarde sempre um pouco de dinheiro para modernizar seu negócio. Preste atenção porque com o tempo os negócios amadurecem, *"se encaixam"* nas condições da sociedade. No entanto, a empresa e com ela a forma de fazer negócios não podem passar do amadurecimento e envelhecer física e mentalmente, como os donos. As empresas precisam fazer negócios, falando sempre a língua atual da sociedade a que servem. E esta sociedade é composta em sua maioria por crianças, jovens e adultos, e apenas em uma parcela é de idosos. É preciso se comunicar com a maioria.

  A modernização física do empreendimento requer ideias e muitas vezes bons investimentos, assim será preciso dinheiro. E este dinheiro tem que vir do lucro e de reservas para modernização.

A seguir as contas mais comuns a registrar para apuração do lucro. Considere o valor de todas as contas das operações de compra e venda dentro um mesmo mês, não importando se o pagamento destas despesas aconteceu no mês ou depois. Assim, se você vendeu em Maio uma mercadoria, deve considerar que precisou comprar a mesma mercadoria em Maio. Não importa se ela estava no seu estoque ou não.

Nota. O Anexo 3 apresenta um estudo de caso para calcular o lucro ou prejuízo de um negócio. Ele considera todas as contas relacionadas a

---

Sempre tem jeito! Acredite em si, aprenda, trabalhe, você consegue...

seguir. Por isto procure compreende-las bem para aprender a calcular seu lucro ou prejuízo no mês.

1- RECEITAS

1.1 VENDAS A VISTA: É tudo aquilo que você vende e recebe a vista.

Você pode considerar aqui dois tipos de vendas a vista. Primeiro a que entra em dinheiro, e não tem despesas. A segunda a é a que entra em cartão de débito ou cheque e pode ter despesas pra receber.

Se na venda a vista houver despesa pra receber você precisa considerar esta despesa financeira no item 1.3.

Nota: Considere a venda a vista no cartão de crédito como venda a prazo, pois você não pode retirar o dinheiro imediatamente, e tem taxas para resgatar antes.

1.2 VENDAS A PRAZO: É tudo aquilo que você vende, mas depende de um prazo para receber.

Nas vendas a prazo sempre você tem alguma despesa. Algumas delas são:
- Taxas de cartão
- Despesas com emissão de boleto bancário
- Perda por conta da inflação. Inflação é a desvalorização do seu dinheiro no período.

As despesas com vendas a prazo precisam ser reduzidas da receita (Ver 1.3), pois este é um dinheiro que você não receberá de fato.

1.3 DIMINUIÇÕES DA RECEITA (ABATIMENTOS): São despesas já embutidas ou previstas no momento em que você efetua a venda. Em

---

Sempre tem jeito! Acredite em si, aprenda, trabalhe, você consegue...

outras palavras, é um dinheiro que você não pode contar com ele. Você deve observar as seguintes contas de abatimento:

IMPOSTOS: Quando você faz uma operação dentro da lei, você deve recolher impostos e repassar ao governo. São estes impostos que ajudam a manter a sociedade e pagam despesas com educação, saúde, estradas, e outros. Este dinheiro não é seu, você é apenas um intermediário, e precisa repassa-lo ao governo. Esta é uma responsabilidade social sua.

Ainda que você, por qualquer motivo, não recolha seus impostos no mês, você deve considera-lo no momento de apurar o lucro ou prejuízo do seu negócio.

INADIMPLÊNCIA: Quando você vende e não recebe na hora, algumas pessoas que devem a você podem não pagar o que lhe devem, ou dar trabalho para receber. Neste caso você não verá a cor deste dinheiro na hora que precisa, e se contar com ele, não vai pagar seus compromissos. Por isto, é usual calcular um percentual das vendas a prazo que clientes duvidosos em geral não pagam.

 Use a história de atrasos e calotes do seu negócio para estimar quanto você não receberá por mês. Entre estes valores considere também cheques e boletos em atraso superior a 30 dias. Você precisa diminuir preventivamente estes valores das receitas porque provavelmente não vai poder contar com ele

Aqui vale o ditado popular, *"seguro morreu de velho"*. Melhor você não contar com o dinheiro duvidoso e se organizar para pagar suas contas sem ele, do que contar com ele, não receber e não conseguir pagar suas contas.

DESPESAS FINANCEIRAS: São as despesas a pagar a bancos e outros que você assume, e que são comprometidas no momento que faz a venda.

Sempre tem jeito! Acredite em si, aprenda, trabalhe, você consegue...

Elas são juros de cartão de crédito, taxas de cartão de débito, custo de boletas que o banco desconta para você, e outras relacionadas à operação de vendas. Este valor está embutido no faturamento.

Você deve considerar também juros que você paga a bancos em antecipação de receitas das vendas a prazo.

Por exemplo, se você fez uma venda em cartão que livre lhe dará mil reais a receber em dez parcelas de cem reais e resolve antecipar o recebimento, o banco lhe pagará, mas você receberá menos.

Suponhamos que o banco, concorde em lhe entregar novecentos e trinta reais à vista, em troca dos mil a prazo. Neste caso você deve considerar que os setenta reais faltantes são juros pagos por antecipação de receita. É como se você tivesse dado um desconto de setenta reais ao cliente.

Atenção: Muito cuidado com a antecipação de receitas, ela é um grande perigo para o seu negócio. Funciona assim:

Quando você vende a prazo, mas compra a vista, e antecipa receita para pagar sua compra relativa àquele cliente, e efetivamente paga a compra, o risco é nulo. Você antecipou uma receita e quitou a divida referente a ela.

No entanto, na prática o que muitos empreendedores inexperientes fazem é bem diferente. Compram a prazo e também vendem a prazo, e fazem a antecipação da receita das parcelas futuras, mas não quitam as dividas futuras correspondentes.

Se vendem em quatro meses e antecipam a receita, e compram no mesmo prazo, ficam com quatro parcelas de dívidas sem sustentação de receita à frente. E observe que isto se acumula a cada mês.

Sempre tem jeito! Acredite em si, aprenda, trabalhe, você consegue...

70

Chamamos a isto buraco debaixo do pé, pois é como ficar em pé em cima de um passeio e ir retirando a terra que está por baixo dele e que lhe dá sustentação. Uma hora todo afunda.

Depois de um tempo nesta prática de antecipar receitas e não quitar despesas, o empreendedor se afunda de tal forma em dividas que precisa ir a banco pedir empréstimos para sobreviver. É aí que a corda aperta e enforca de vez o desatento.

BONIFICAÇÕES DE MERCADORIAS: A bonificação é aquela gracinha que o vendedor faz para fechar uma venda ou agradar um cliente.

Normalmente bonificações acontecem pelo *"choro"* do cliente.

Você pode ver bonificações em vários lugares: no pouquinho a mais na dose de uísque ou pinga que o dono do bar serve, no tempo de espera que o taxista não cobra, na oferta de alguma peça barata a mais na compra de duas que o lojista oferece como promoção, etc.

A bonificação precisa ser calculada como redução da receita, porque você vai ter que pagar o custo daquilo que você está dando, e conforme a sua prática, o custo pode ser relevante.

Por exemplo, suponha que você montou um bar. Ali vende vinte garrafas de uísque por mês. Se você põe um *"chorinho"* de apenas cinco por cento no copo do freguês, significa que ao final do mês você deu uma garrafa de graça aos clientes. E você tem que considerar que vai pagar esta garrafa, senão perde o controle do dinheiro.

1.4 RECEITA LIQUIDA: A Receita Líquida é o valor que você pode dizer que realmente terá para pagar suas contas. É o valor das vendas, menos os abatimentos.

Sempre tem jeito! Acredite em si, aprenda, trabalhe, você consegue...

Para achar a Receita liquida, você precisa fazer contas simples. É só somar todas as contas das vendas a vista, mais as vendas a prazo, e acha um valor. Depois soma todos os abatimentos da receita e acha outro valor. Ai você diminui do total das Vendas os Abatimentos, e tem a Receita Líquida. É com ela que você pode contar para pagar todas as suas contas.

2- DESPESAS

<u>2.1 DESPESAS COM PESSOAL:</u> São os gastos que você tem com todas as pessoas que trabalham continuamente em seu negócio, incluindo você.

<u>Pró-labore.</u> É o pagamento pelo seu próprio serviço. É a sua retirada mensal pelo trabalho. Não é a retirada de lucro.

O valor mensal do pró-labore a ser pago normalmente é estimado pela comparação de funções semelhantes nas diversas empresas. Por exemplo, se você monta uma gráfica, como dono ou sócio, pode fazer serviços internos comparáveis aos de gerente de outra gráfica. Seu pró-labore deve então ser aproximadamente o valor que ganha o gerente da outra empresa.

Como você não irá pagar encargos sociais sobre pró-labore, mas em outra empresa pagam ao gerente, um valor de pró-labore até setenta por cento acima do salario do gerente da outra empresa não compromete seu negócio. Os custos finais para as duas empresas serão iguais ou muito próximos.

O pró-labore é uma escolha sua, pode ser maior ou menor, ele é apenas um valor estimativo, e se justifica pelo fato de que se você não fizer aquele trabalho terá que pagar outra pessoa, a valor de mercado, para fazê-lo.

Sempre tem jeito! Acredite em si, aprenda, trabalhe, você consegue...

No entanto, lembre-se, se você coloca um pró-labore muito alto para os donos ou sócios, você precisará elevar o preço de venda de sua mercadoria ou serviço para ter lucro. Aí venderá menos, ou terá lucro menor.

Pró-labores exagerados, principalmente quando há muitos sócios, tem inibido o crescimento de muitas empresas. O empresário fica folgado e a empresa apertada, quando o ideal é deixar a empresa forte e competitiva.

Salários e encargos sociais: Se existem pessoas trabalhando continuamente para um negócio, isto caracteriza relação trabalhista. Neste caso você precisará pagar o salário mensal combinado com o funcionário.

Além do salario deverá pagar mais os encargos sociais, que são valores previstos para pagar férias, INSS, FGTS, decimo terceiro, demissão, e outras despesas legais. Algumas destas despesas você precisa pagar no mês, outras em épocas especificas. Neste caso você precisará reter mensalmente o valor, ou fazer o que chamamos *aprovisionar a despesa*.

Os encargos sociais variam de segmento para segmento em função da legislação trabalhista. A melhor forma de saber o que você precisa prever é consultando seu contador. Caso não tenha esta possibilidade faça uma previsão mínima de setenta por cento sobre o salario mensal. Este não é um dinheiro seu, é do funcionário, e você deverá paga-lo na data certa.

Para ter uma estimativa do valor a ser aprovisionado para pagar as contas o calculo é simples. Se você paga mil reais por mês ao funcionário, deve prever mais setecentos, ou setenta por cento, para acertar todos os direitos e obrigações trabalhistas que tem com ele. É o valor total de mil e setecentos reais que você vai lançar como custo ao apurar o lucro ou prejuízo da empresa.

Sempre tem jeito! Acredite em si, aprenda, trabalhe, você consegue...

AJUDAS DE CUSTO E BENEFÍCIOS: Se você oferece lanche, uniforme, alguma ajuda de custo, ou paga adicional de salário *"por fora"*, você deve lançar estas despesas também, afinal estão saindo do seu bolso.

2.2 DESPESAS ADMINISTRATIVAS. São todas as despesas que você tem que não são ligadas ao pessoal (ver item 2.1) ou diretamente ligadas aos itens vendidos (ver itens 2.3 e 2.4)

Por exemplo, suponha que você tem um escritório montado para comprar, organizar pagamentos, cuidar da limpeza e descarte de lixo, atender telefones, etc.. Se você tem lá dois funcionários, você fará a previsão de pagamento dos funcionários em Salários e Encargos como listados no item 2.1.

As demais despesas como aluguel, taxas públicas, energia elétrica, água, material de limpeza, faxineira (se não for funcionária), contador, correio, taxi, custo de viagens, telefone e outras, você lançará nesta conta como *despesa administrativa*. É importante não esquecer nenhuma. Tudo tem que ser pago e considerado nas contas, pois tudo reduz o lucro.

Nota: Nas despesas administrativas você deve lançar também um item que chamamos depreciação de equipamentos. Ele é a despesa que você tem com o desgaste de seus equipamentos.

Por exemplo, suponha que você comprou um caminhão por cento e vinte mil reais. Ai você usa o caminhão por dois anos e depois o vende por setenta e dois mil reais. Neste caso você teve uma despesa de quarenta e oito mil reais devido à desvalorização do seu caminhão nos dois anos.

Se forem vinte e quatro meses que você usou, então significa que você está gastando dois mil reais por mês do seu negócio para manter o caminhão operando e servindo aos seus clientes. Você deve lançar, neste caso, os dois mil por mês. Se existirem mais equipamentos você deve fazer o mesmo calculo e somar todos.

Sempre tem jeito! Acredite em si, aprenda, trabalhe, você consegue...

Para lançar a depreciação você deverá fazer uma estimativa da desvalorização do item mensalmente.

2.3 CUSTO DA MERCADORIA VENDIDA - CMV: Este custo é referente somente às mercadorias que você vendeu entre o primeiro e ultimo dia útil do mês que você está considerando nas contas das vendas.

O Custo da Mercadoria Vendida é calculado com algumas pequenas diferenças dependendo do seu tipo de negócio.

- Se você vai fazer uma atividade apenas de comércio, tipo loja, onde apenas compra e vende, o custo é calculado basicamente sobre as compras e despesas com transporte;
- Se você vai produzir ou fabricar alguma coisa para vender, você precisa calcular, além das compras e transporte, o seu custo de produção para cada item que faz;
- Se vai apenas prestar um serviço sem nada fabricar ou comprar para vender, tipo eletricista, mecânico ou outro, seu CMV É basicamente a mão de obra que presta, mais alguns materiais que usa em sua atividade.

No anexo 1 é são apresentados exemplos de como calcular o custo para cada uma das modalidades possíveis para seu negócio.

Nota importante: Em geral, o CMV é a base de cálculo usada para definir o preço de venda daquilo que você vai comercializar. Por isto, aprender a calcular bem o seu CMV é decisivo para você conseguir colocar um preço de venda em que consiga pagar suas contas e ainda ter lucro.

2.4 CUSTO DE VENDA. Este é o custo que você tem para estimular as vendas e comissionar vendedores.

O custo de venda entra como uma despesa à parte porque ele envolve despesas que têm características próprias, e variáveis.

Sempre tem jeito! Acredite em si, aprenda, trabalhe, você consegue...

Entre as despesas que variam no custo de venda estão gastos com publicidade tais como patrocínio de eventos, folhetos, divulgação em radio, revista ou outro, e ainda as comissões que você paga a vendedores.

No caso de vendedores existe ainda um detalhe. Se o seu vendedor é funcionário com carteira assinada, ele receberá um salário fixo mais comissões sobre venda. O salário, que é fixo, deve ser considerado na conta salários, item 2.1, porque sobre ele incide todos os encargos sociais todo mês. Já as comissões você vai lançar aqui nesta conta, como custo que teve para vender.

Nota: Sobre comissões e prêmios podem ter que ser pagos alguns direitos trabalhistas ao funcionário, consulte seu contador. Se tiver que pagar você deve lançar aqui como despesas também.

MOVIMENTAÇÃO DO SEU DINHEIRO.

Mais dois aspectos que envolvem seu dinheiro são fundamentais para sua analise mensal. É que, sem perceber o empreendedor desvia seu dinheiro para estes dois aspectos, e depois fica perdido sem saber para onde seu lucro está indo.

3. ESTOQUE: Esta conta refere-se às mercadorias que foram movimentadas no estoque no mês, colocadas ou retiradas.

A analise mensal apenas procura observar as variações. Lembre-se estoque é dinheiro. Assim, se tem estoque a mais é porque dinheiro foi aplicado nele. Se há estoque a menos, significa que dinheiro que estava guardado em estoque foi consumido.

Mercadorias usadas em escritório e outras aplicações internas por serem pouco significativas não precisam ser contabilizadas aqui.

Sempre tem jeito! Acredite em si, aprenda, trabalhe, você consegue...

Para calcular o quanto se colocou ou retirou do estoque no mês basta saber o estoque final do mês atual, e diminuir do estoque final do mês anterior.

Se o estoque tiver crescido, você aplicou dinheiro, se acontecer o contrário, diminuir, é porque você vendeu mais do que comprou e assim consumiu seu estoque no mês, ou seja, descapitalizou.

Preste muita atenção às variações de seu estoque por dois motivos. O primeiro é porque o estoque parado, em uma economia de baixa inflação, não gera lucro, ao contrário costuma gerar prejuízo devido à sua deterioração e desatualização.

Nota: Você deve evitar comprar muito acima do que você necessita para o giro das mercadorias. Fique atento ao fato de que quanto mais vezes a mercadoria gira em um período, mais vezes ela passa pelo caixa, e é lá que você recolhe o lucro da venda. O maior giro das mercadorias é um dos fatores mais importantes para crescer o lucro.

O segundo motivo é que, se seu estoque está diminuindo é porque você não está comprando, e está perdendo o seu capital empatado em estoque.

Se a redução de compra for uma decisão consciente sua, tudo bem, mas se você estiver reduzindo compra por falta de dinheiro, significa que você está perdendo o controle do seu negócio. Isto pode acontecer porque seu faturamento está caindo, você está vendendo menos. Neste caso você precisa saber por que e agir.

Pode acontecer aperto financeiro também se você estiver errando na precificação, ou na política de descontos e promoção, ou seja, trabalhando com o preço médio mais baixo que devia. Vende muito, fatura pouco...

Sempre tem jeito! Acredite em si, aprenda, trabalhe, você consegue...

4 – INVESTIMENTOS: Esta conta refere-se ao dinheiro que você aplica para melhorar seu negócio. É diferente do valor que você usa para manter seu negócio, que deve ser lançado em despesas administrativas (item 2.2).

Por exemplo, se você compra um computador no mês, e paga a vista, ele entra como investimento só no mês. Se você compra um carro para o negócio, e paga prestação mensal dele, a prestação entra como investimento todo mês, até terminar ou você vender aquele carro.

Investimentos, em geral se aplicam a melhorias, e saem da rotina normal do negócio porque introduzem algo diferente. Por exemplo, se você tem um computador e ele quebra, e você precisa substitui-lo aí não é investimento, é manutenção. Você vai manter a mesma capacidade operacional, não há novidade. No entanto, se você já tem um computador e coloca mais um, aí é investimento, você vai melhorar sua capacidade operacional.

A pressão por autorizar melhorias na empresa é grande porque a competição no mercado é grande. Isto faz com que seja muito comum autorizar compras sem se analisar com calma se aquele investimento é necessário ou não, se dá retorno ou não. Isto leva a grandes erros. Vou explicar com um exemplo.

Imagine que você é dono de uma padaria. Vende dois mil pães por dia a dez centavos cada um, ou seja, vende duzentos reais em pães por dia. Em um mês vende sessenta mil pães e apura seis mil reais com eles. Se para fazer cada pão você gasta seis centavos, significa que você gastou três mil e seiscentos reais para produzir. Em outras palavras, sobraram dois mil e quatrocentos reais para ajudar você a pagar as contas da padaria como salários, aluguel, energia, e outras.

Como ao final do mês sobra pouco dinheiro, você pensa em melhorar seu negócio. Aí passa um vendedor de fornos de padaria e com sua grande

Sempre tem jeito! Acredite em si, aprenda, trabalhe, você consegue...

78

lábia lhe oferece um forno mais moderno, mais bonito e mais econômico.
O equipamento lhe exigirá um investimento de dez mil reais à vista, ou
doze mil em doze parcelas de mil reais.

A pressão é enorme. Com certeza o forno melhora seu negócio, mas
quanto? Vale a pena?

É aí que você precisa ter muita responsabilidade com seu negócio e seu
dinheiro, e não deixar que a emoção tome a decisão por você. Primeiro
faça as contas.

Quantos pães você acha que venderá a mais se comprar aquela
máquina, ou quanto por mês você economizará de energia? Pense no
que te dá mais retorno.

Pense agora, quantos pães você precisará vender, além dos que já vende
hoje, para pagar aquela máquina? Ou de outra forma, em quantos
meses você pagará a máquina só com a redução no consumo de
energia?

Estas perguntas visam saber em quanto tempo o dinheiro que você
aplicar na máquina vai voltar ao seu bolso? Lembre-se você faz negócios,
e o que importa é o lucro do negócio, e não funcionalidade ou
modernidade.

Vamos analisar se vale a pena, pelo lado da energia.

Suponhamos que você gaste dois mil reais por mês de energia elétrica, e
com o novo forno esta conta vai cair para mil e setecentos reais. Ou seja,
você vai ter uma economia de trezentos reais por mês. Se você comprar
o forno parcelado, e pagar doze mil por ele, vai gastar quarenta meses
para que o dinheiro economizado empate com o valor do forno. A conta
é doze mil divididos por trezentos reais de economia por mês, que dá

Sempre tem jeito! Acredite em si, aprenda, trabalhe, você consegue...

79

quarenta meses. Ou seja, só no mês numero quarenta e um depois da compra você começa a lucrar com o forno.

Ai vem as perguntas que você precisa aprender a fazer. Vale a pena? É esta melhoria de lucro que você quer? Será que você não consegue aplicar este mesmo dinheiro em outras melhorias que deem retorno melhor e mais rápido ao seu negócio. Será que você não vai sufocar suas contas para pagar algo? Será que quando este dinheiro tiver retornado o forno já não estará obsoleto e ineficiente e você terá que comprar outro, ou seja, será que não estará trocando cebola por cebola?

O forno é bom, a melhoria é certa, mas o negócio pode ser muito ruim para você. Pense sempre no tempo em que o seu dinheiro vai gastar para voltar ao seu bolso, e no lucro que vai obter nesta compra. E lembre-se *"caro não é o que tem preço alto, caro é o que não dá retorno"*. Analise sempre pelo lado do retorno do seu investimento ao seu bolso.

Sempre tem jeito! Acredite em si, aprenda, trabalhe, você consegue...

80

7- CUIDAR DOS PROCESSOS

Antes de comentar sobre processos, e explicar o que é isto, vamos abordar dois conceitos que estão por trás dele. Estes conceitos são essenciais ao sucesso do seu negócio. São a *produtividade* e a *qualidade*.

A produtividade, que é diferente de produção, é a medida do rendimento na produção de algo. Liga a quantidade de coisas feitas ao tempo que se gasta para fazê-las. A produção não se liga ao tempo, apenas à quantidade.

A qualidade, que não tem nada a ver com beleza ou perfeição, é a capacidade de um produto de atender a todas as necessidades para seu uso.

Como exemplo para compreender melhor o conceito de qualidade se pode comparar dois veículos, um jipe daqueles antigos, tipo ano 1951, e um carro novo da Ferrari.

 Se o uso do caro for em uma estrada de terra com muita lama, o Jipe é mais adequado ao uso que o carro da Ferrari, por isto dizemos que tem melhor qualidade. No entanto, se o uso for no asfalto, dizemos que uma Ferrari tem melhor qualidade. Depende do uso que você pretende fazer do carro e não da sua beleza ou modernidade.

Vamos a um exemplo pratico, considerando a produtividade e a qualidade, para você ver como elas interferem nos resultados do seu negócio.

Um construtor civil resolve contratar cinco pedreiros, desejando escolher apenas três para ficar em sua empresa após os testes. Pede então ao mestre de obra para colocar a turma para trabalhar com ele em regime de experiência por cinco dias.

Sempre tem jeito! Acredite em si, aprenda, trabalhe, você consegue...

Ao final da semana o construtor pede ao engenheiro da obra para avaliar a equipe. Como o engenheiro anota a produção diária de todos e a necessidade de correção de serviços de cada trabalhador, ele monta uma tabela para aqueles profissionais.

CONTROLE DE PRODUÇÃO					TOTAL DE HORAS 40	
Pedreiro	Reboco feito – m2	Reboco Aceito	Rejeição M2	Qualidade	Produtividade: m2 por hora	Lugar
João	90	80	10	88%	2	5
Pedro	85	77	8	90%	1,92	4
Manoel	77	76	1	98,7	1,9	2
Miranda	75	73	2	97,3	1,82	3
Tomé	72	72	0	100	1,8	1

O dono da firma então resolver questionar porque o engenheiro fez aquelas escolhas, e ele respondeu. Tem gente que trabalha muito bem, mas é lento, tem outros que trabalham rápido, mas fazem serviço mal feito, fora dos nossos padrões de qualidade. Eu procuro ver os dois aspectos, rendimento no trabalho, ou produtividade, e qualidade do serviço.

O dono então perguntou: quanto tempo gastam para corrigir o serviço em média? A isto o engenheiro respondeu: é o mesmo que pra fazer um serviço novo, porque tem que ajustar ferramentas, fazer massas, às vezes até colocar andaimes.

Então o dono fez uma conta rápida do tempo que cada um gastaria para corrigir seus serviços.

Sempre tem jeito! Acredite em si, aprenda, trabalhe, você consegue...

Pedreiro	Produtividade	Rejeição	Tempo Correção
João	2	10	5 horas
Pedro	1,92	8	4 horas+10 min
Manoel	1,9	1	31 minutos
Miranda	1,82	2	1 hora+6min
Tomé	1,8	0	Zero

O dono então considerou que a correção exigiria além do tempo do *conserto do pedreiro, no qual ele também não estaria produzindo serviços novos, também os custos derivados do retrabalho como massa, energia, ajudante, nova inspeção, etc.*

A conclusão a que os dois chefes chegaram foi a mesma, contrataram os indicados, considerando o Manoel melhor que o Miranda. Chegaram a esta conclusão porque não adianta produzir muito com baixa qualidade, às vezes é melhor ir um pouco mais lento e fazer certo da primeira vez, o custo é bem menor. Além disto, consideraram que se a inspeção falhasse, os serviços com qualidade ruim chegariam aos clientes, e atrapalhariam as vendas.

Os dois pilares são importantes, o rendimento, ou a produtividade, e a qualidade. Só que a qualidade afeta diretamente interesses do cliente, e prejudica as vendas. Como diz o ditado popular *" é preciso saber dosar a agua e o fubá para o angu não empelotar".* Por isto, analise sempre o rendimento do trabalho, a produtividade, mas analise também o custo que a falta de qualidade vai lhe trazer.

PROCESSOS

Um processo é uma sequencia lógica de atividades para fazer alguma coisa, um produto ou um serviço. Ele usualmente está ligado a cinco itens: pessoas, máquinas e equipamentos, materiais, métodos, e instalações. Estes cinco itens precisam estar sob controle para que um processo possa ser controlado.

Sempre tem jeito! Acredite em si, aprenda, trabalhe, você consegue...

Por exemplo, é comum fazermos café pela manhã. Ali existe um processo, cujo produto é o café pronto para consumo.

Para fazer o café a sequência mais usual é: coloca-se a agua na chaleira, adiciona-se o açúcar, leva-se ao fogo até ferver. Enquanto se aguarda a água ferver, prepara-se o bule, o coador e coloca-se o pó de café no coador. Após a água ferver ela é lançada ao coador, passa pelo pó de café e cai no bule. Do bule transfere-se o café pronto para uma garrafa térmica, a partir do qual ele é servido.

Controlar o processo é decisivo para se obter níveis adequados de qualidade e produtividade.

Por exemplo, no caso do café, fogo baixo atrasa fervura da água, e prejudica a produtividade. Excesso de água também atrasa a fervura e tem o mesmo efeito. Chaleira sem tampa causa o mesmo efeito.

Se você não deixa a água ferver o pó não será devidamente dissolvido e quando passar o café ele afetará a qualidade, pois ficará fraco. Se colocar pouco açúcar, ficará amargo. Se usar pó de qualidade inferior, ficará com sabor ruim. Se deixar esfriar enquanto passa e colocar excesso de açúcar e pouco pó, ele fica com o que o ditado popular chama de 4F, *"frio, fraco e com formiga no fundo,"* porque ele sobra, já que ninguém aguenta beber.

Em um processo, a atenção deve ser dada a cada etapa, cada material, cada maneira de fazer as coisas. Por isto, as cozinheiras usam receitas, que é para repetir a mesma qualidade e a mesma produtividade. Nas empresas chamamos às receitas de procedimentos. Um processo pode ser feito com um procedimento só, como no caso do café, ou pode juntar vários procedimentos dependendo do que se faz.

Sempre tem jeito! Acredite em si, aprenda, trabalhe, você consegue...

Em seu negócio você tem vários processos, e precisa cuidar deles para obter níveis satisfatórios de qualidade e produtividade, e assim ganhar dinheiro.

Os mais comuns são:

DECISÃO DE VENDA. É a escolha que você faz sobre o que vai entregar ao seu cliente. Este processo é muito relevante, pois há casos em que você precisará testar produtos que lhe são fornecidos, qualificar sua mão de obras, fazer ajustes de instalações, etc. Decidir bem o que vai vender é o primeiro passo para vender bem.

COMPRA. Comprar bem é tão importante como vender bem. Muitas vezes o lucro acontece mais em uma boa compra do que na venda.

O processo de compra envolve seleção do que comprar, testes, negociação de preços, condições de pagamento e prazos de entrega, transporte, inspeção de recebimento quanto à qualidade e quantidade, e autorização para pagamento ao fornecedor.

Descuidar de qualquer uma das etapas significa prejuízo. Por isto, é bom definir uma rotina de trabalho, ou um procedimento para cada etapa. Esta definição é importante porque a partir dela você pode se aprimorar, e comprar melhor a cada dia. Se você não tem um procedimento dificilmente saberá onde está errando. Com isto pode ser enganado em qualidade, quantidade, receber fora de prazo, pagar mercadoria indevida, etc.

PRODUÇÃO DE BENS E SERVIÇOS: Os processos de produção ocorrem quando você faz, ou produz, ou modifica algo para vender incorporando ali mão de obra.

Em um processo produtivo de bens você faz uma modificação no item, ainda que mínima. Em um processo produtivo de serviço você apenas

---

Sempre tem jeito! Acredite em si, aprenda, trabalhe, você consegue...

incorpora mão de obra para melhorar funcionalidade do objeto, mas não modifica sua forma.

São exemplos de Produção de Bens a fabricação de roupas, construção mecânica, construções civis diversas, etc., onde o resultado do trabalho é a criação de um novo produto físico, bem identificado, um bem em que se pode tocar.

São exemplos de Produção de Serviços aqueles feitos por mecânico que dão manutenção em veículos, eletricistas, pintores, médicos, dentistas, ou seja, profissionais que trabalham sobre um bem já existente, mas não modificam sua forma física.

A sequencia lógica e bem controlada, etapa por etapa, dos processos produtivos tanto para Bens como para Serviços é decisiva para a qualidade daquilo que se entrega ao cliente, e também decisiva para o sucesso do empreendimento.

VENDA. O processo de venda é um dos pontos mais sensíveis de um negócio, pois este momento é a hora da verdade. É a hora em que todo o seu esforço para ganhar dinheiro se concretiza ou não. De nada adianta boas instalações, máquinas caras, produtos lindos, se na hora decisiva o cliente diz "não.".

Aprender a negociar certo e a vender é muito importante. No entanto, em um negócio mais importante do que aprender a fazer certo, é aprender a repetir certo. Não adianta fazer uma boa venda uma vez, é preciso fazer boas vendas muitas vezes.

O processo de venda envolve apresentação da empresa, do produto, do vendedor, convencimento, negociação e muitos outros aspectos que podem fazer com que uma simples palavra mal colocada por um vendedor feche uma venda, ou leve tudo a perder.

Sempre tem jeito! Acredite em si, aprenda, trabalhe, você consegue...

Quando o empreendedor trabalha sozinho, se aprende e adquire experiência, consegue repetir e tem sucesso com o tempo. No entanto, se ele conta com mais vendedores, enfrenta sérios problemas com as características das pessoas, humor, rotatividade de mão de obra, etc.

Ter uma boa equipe de venda, com o processo de venda bem ajustado e controlado, com todo mundo bem treinado, é decisivo para o sucesso de um negócio.

FATURAMENTO. O processo de faturamento envolve descrição correta da mercadoria vendida, preços, impostos, condições de pagamento, etc.

Apesar de ser uma rotina obrigatória, muitas vezes pode gerar sérios desconfortos para o cliente, por ser lenta demais, e pode gerar desconfianças e prejuízos se feita com erros.

Organizar cada etapa deste processo, ser rigoroso na verificação para evitar erros, é muito importante não só para não ter prejuízos, mas sobretudo para não criar constrangimentos, desconfianças e afastar o cliente.

ARMAZENAGEM. Usualmente quando uma mercadoria é vendida ela já está pronta e guardada em um estoque, seja uma prateleira para venda direta, ou um armazém onde a mercadoria fica estocada.

A armazenagem de produtos tem alguns complicadores. Entre eles podemos citar a localização do item no estoque e sua manipulação, sua identificação, questões ambientais no depósito como luz, calor e umidade, identificação e outras.

Além destes aspectos podem existir outros aspectos que também pode afetar diretamente na qualidade dos produtos, os inviabilizando para venda e afetando o controle do estoque. Assim, ás vezes se vende, mas

---

Sempre tem jeito! Acredite em si, aprenda, trabalhe, você consegue...

não tem o produto para ser entregue, o que gera sérias insatisfações nos clientes.

Organizar o processo de armazenar e retirar no armazém, ou depósito, é muito importante para manter lucros maiores.

ENTREGA. Muitos empreendedores descuidam na entrega do que foi vendido ao cliente, e com isto revertem toda uma boa imagem que plantaram durante as vendas.

 É preciso estar atento ao fato de que o entregador, como o vendedor, faz parte da venda, e que quando um entregador entra em contato com um cliente ele esta na hora da verdade do negócio também. É a conclusão da venda. Uma ação inadequada do entregador pode comprometer a imagem e os resultados da empresa.

Dado à sua importância, o processo de entrega precisa ser bem organizado. Ele envolve deste a retirada do material do estoque, ou armazém, identificação, movimentação e acomodação para transporte, emissão de notas fiscais, transporte, até a entrega fina nas instalações dos clientes.

RECRUTAMENTO, SELEÇÃO E ADMISSÃO DE PESSOAS: A inclusão de pessoas no grupo de trabalho em um negócio é um momento de grande responsabilidade, e requer cuidados. Quando se admite mal, usualmente se paga o elevado preço de se ter que demitir com pouco tempo. Quando se admite bem, cria-se facilidade para formar uma equipe que enfrenta desafios e condições extraordinárias de trabalho, que impulsionam o negócio ao sucesso.

O processo relacionado às pessoas envolve recrutamento de candidatos, seleção entre os mesmos, admissão, integração, desenvolvimento e desligamento de pessoas. Por ser um item de vital importância para os negócios, e em especial para as empresas, o ultimo

Sempre tem jeito! Acredite em si, aprenda, trabalhe, você consegue...

capitulo deste livro é dedicado especialmente a como cuidar das pessoas.

Sempre tem jeito! Acredite em si, aprenda, trabalhe, você consegue...

8 - CUIDAR DAS PESSOAS

Para compreendermos melhor a importância das pessoas nos negócios, e porque você deve ter muita atenção a elas, vamos procurar responder a duas perguntas: o *que é um negócio?* E, *o que é uma empresa?*

Vamos começar pelo negócio. Como você pode negociar algo, se não existe alguém com quem você possa negociar. Você vai negociar com você mesmo. Um negócio sempre acontece entre pessoas.

Agora vamos para uma empresa. Pense na maior empresa que conhece de qualquer ramo. Agora imagine outra situação, retire todas as pessoas de dentro desta empresa que você imaginou, e todos os clientes do lado de fora. O que restou?

Um monte de materiais sem vida própria. Um enorme vazio, não é?

Faço esta reflexão para mostrar a verdadeira importância das pessoas no mundo das empresas e dos negócios. Sem as pessoas uma empresa simplesmente não existe. As pessoas estão para as empresas, assim como o oxigênio, a água e os alimentos estão para nosso corpo, são elas que dão vida e movimentos à empresa.

Em um negócio você depende de pessoas para fornecer o que vai produzir, na empresa depende de pessoas para fabricar e para vender, e depende de pessoas, os clientes, para lhe comprar algo.

Saber lidar com as pessoas é pois saber cuidar de toda a vida do negócio e da empresa. Relacionamento é tudo para quem quer ter negócios.

E são os bons relacionamentos que levam ao sucesso. Vamos a algumas observações sobre o que dar atenção em cada uma das interfaces com as pessoas.

Sempre tem jeito! Acredite em si, aprenda, trabalhe, você consegue...

RELACIONAMENTO COM OS CLIENTES.

Já comentamos muito, um capitulo inteiro, sobre o cliente. Mas sempre há mais observações.

Quando você monta um negócio, e depois uma empresa, o que você está fazendo na verdade é organizar uma ou várias pessoas para fornecer algo a alguém. Este alguém, seu provável comprador, usualmente tem outras fontes alternativas de suprimento, outras pessoas, que podem lhe fornecer o mesmo que você.

Em outras palavras você monta um negócio com pessoas que trabalham junto com você, e vão competir com pessoas, os concorrentes, para servir outras pessoas, os clientes.

Nesta disputa entre você e seu grupo, e o concorrente e o grupo dele, vai ganhar o cliente aquele grupo que melhor o servir em suas expectativas e necessidades.

Como servir melhor o cliente então?

É relativamente simples explicar, difícil é fazer na prática. Em resumo, o que você precisa fazer é conseguir se aproximar do cliente, conversar, ouvir, ver, sentir, perceber, enfim, entender as suas demandas, e colocar todos que trabalham com você para atendê-las melhor que os concorrentes.

Chamamos a isto Marketing de Relacionamento.

Este relacionamento precisa ser forte, não pode ser interesseiro. Você não pode se aproximar do cliente só para levar vantagem em uma venda. É preciso ir mais longe, criar vínculos. Lembre-se sempre, a expressão mágica do sucesso nos negócios é *servir ao outro, e não servir-se do outro*. Por isto sua primeira aproximação precisa ser para

---

Sempre tem jeito! Acredite em si, aprenda, trabalhe, você consegue...

entender a quem vai servir, e a segunda precisa ser para atender bem, com o sentimento de servir.

Você deve pensar de fora para dentro, do cliente para seu negócio, e não de dentro para fora, do seu negócio para os clientes. Interessa é o que atende o cliente, o que ele necessita, e não o que você quer vender para ele.

Esta lógica reversa do pensamento é que o levará a estabelecer um jogo onde você serve, o cliente ganha, ele lhe remunera e você ganha também. A base deste jogo tem que ser a confiança, e os pilares de sustentação precisam ser o respeito e o compromisso mútuo de fazer uma boa parceria.

Esta confiança precisa ser a marca de seu negócio na sociedade, não apenas nas relações comerciais. Por isto, jamais deixe a sociedade perder a confiança e a certeza de que você montou um negócio para servir às pessoas, e não para se servir delas. Cuide da imagem pública do seu negócio.

RELACIONAMENTO COM FORNECEDORES

O mundo dos negócios funciona como se fosse uma corrente, com uns ligados aos outros. Com efeito, o dono da lanchonete que serve o cafezinho com pão, depende da padaria que vendeu o pãozinho. A padaria depende do moinho que lhe vendeu o trigo. O moinho depende do produtor rural que semeou e colheu, mas ele também depende de quem lhe vende sementes e adubo, e quem faz adubo depende de quem lhe forneça insumos químicos, assim por diante.

Chamamos a esta relação ciclo da qualidade, pois o que um faz interfere diretamente na qualidade do que o outro faz. É esta longa corrente que faz com que a humanidade tenha tanta força e tanto protagonismo na terra.

Sempre tem jeito! Acredite em si, aprenda, trabalhe, você consegue...

Neste ciclo, é preciso compreender que o seu fornecedor é alguém exatamente com as mesmas características suas. Ele trabalha com pessoas que para produzir algo, servir a sociedade e sobreviver. O que o diferencia de você é apenas o momento em que compra dele, quando você, que também é um fornecedor, passa a ser o cliente. Seu fornecedor precisa entendê-lo e servi-lo bem, como você deve fazer com seus clientes. E você deve ajuda-lo a fazer isto, tendo um bom relacionamento com ele e mostrando a ele, com muitos detalhes, as suas necessidades.

A relação fornecedor/cliente precisa ser a mesma nos dois sentidos, cliente/fornecedor também. Em suma, uma relação boa para os dois, onde os dois ganham. A base desta relação é a mesma, a confiança, e os pilares são os mesmos o respeito e o compromisso mútuo.

Por isto a palavra chave na relação com os fornecedores é parceria, e o nome do jogo a ser jogado é ganha-ganha. Todos precisam ganhar, e isto significa, todos precisam pensar no seu cliente, pois não tem como você servir bem ao seu cliente, fazê-lo ganhar, se o seu fornecedor falha com você.

Por isto, a relação precisa sempre ser boa, para que bons negócios se sucedam. Se você vende bem, o seu cliente ganha porque foi bem atendido, e você também ganha dinheiro, mas, além disto, se o seu cliente continua a comprar, o seu fornecedor também vai ganhar mais dinheiro lá na frente, porque vai vender para você de novo. O ciclo é contínuo.

Por isto, nas relações com o fornecedor, exija respeito e compromisso no fornecimento, e qualidade nos produtos e serviços, e negocie preços, mas ao final pague o preço justo para que ele continue a servi-lo.

Não caia na armadilha de fazer leilão e comprar apenas de fornecedores que ofereçam o menor preço. Este não é um caminho seguro, pois você

Sempre tem jeito! Acredite em si, aprenda, trabalhe, você consegue...

não cria relacionamentos, adquire produtos e serviços ruins, e não consegue manter seu padrão de qualidade.

Crie relacionamento fortes. Exija boas condições para você, seja firme, mas lembre de que o seu fornecedor precisa sobreviver como você. Assim, devolva confiança, respeito e compromisso mútuo, e preocupe-se também com os interesses dele.

O jogo comprador/vendedor precisa ser bem jogado. As negociações são mesmo duras, às vezes viris, mas nunca abandone o jogo leal. O jogo tem que ser bom para os dois.

Por fim, se o seu fornecedor não for leal, troque-o por alguém com quem consiga fazer boas parcerias e jogar.

RELACIONAMENTO COM FUNCIONÁRIOS E COLABORADORES

Quando você contrata alguém para trabalhar em seu negócio, você estabelece com ele um relacionamento humano da mesma forma que faz com seu cliente ou com seu fornecedor, portanto os princípios precisam ser exatamente os mesmos: confiança, respeito, compromisso.

Do lado de fora do seu negócio, em sua vida particular o funcionário é exatamente igual a você, tem família, sonhos, desejos, necessidades e demandas, e quer ser feliz e prospero. E vocês têm mais algo em comum, as diferenças entre si, o que faz com que um complemente o outro. Assim, você precisa dele, e ele precisa de você.

O bom relacionamento entre dono e funcionário atinge seu melhor ponto quando a interdependência entre ambos é compreendida, e cada um entende que deve cuidar dos interesses do outro.

Em palavras diretas, o funcionário deve se preocupar com os interesses do patrão, mas em contra partida, e no mesmo nível, o patrão deve

Sempre tem jeito! Acredite em si, aprenda, trabalhe, você consegue...

94

cuidar dos interesses do funcionário. É um caminho de mão dupla, e os dois devem trabalhar com uma só direção: atender bem o cliente, numa relação de confiança, respeito e compromisso.

Falar em bom relacionamento entre patrão e empregado é bem fácil, conseguir na prática às vezes é bem difícil. E isto porque cada um tem personalidade própria, valores, história de vida, humor e origens diferentes. Por isto, é preciso observar alguns detalhes para facilitar este entrosamento.

TRANSPARÊNCIA E LEALDADE: Quando humanos se relacionam a melhor estratégia para a relação dar certo é seguir o ditado popular " *negócio só é bom quando é bom para as duas partes".*

E é fácil perceber na prática este ditado popular. Para um casamento dar certo, o marido tem que servir a esposa e a esposa tem que servir o marido. Se um só for servido, fica ruim, acaba. Da mesma forma, os pais tem que ter atenção com os filhos e os filhos devem ter atenção com os pais para ser ter uma boa família.

Na empresa é a mesma coisa, um tem que servir ao outro. Os donos precisam cuidar dos interesses dos funcionários como se fossem deles próprios, e os funcionários devem cuidar dos interesses dos donos como se fossem deles próprios. Esta é a regra de ouro, a meta da administração.

Transparência, verdade e amor, devem imperar nesta relação para as coisas darem certo. O nome do jogo que se deve jogar em qualquer relação que queira crescer é: *"eu ganho, cresço, mas ajudo você a ganhar e crescer também"*. E as duas partes precisam pensar e agir assim.

Esta relação transparente e leal não pode acontecer apenas no discurso, é preciso acontecer na prática.

Sempre tem jeito! Acredite em si, aprenda, trabalhe, você consegue...

Na empresa, os lugares onde mais se sentem a diferença entre discurso e prática, e a qualidade da relação patrão/empregado são na politica salarial e no trato educado entre as pessoas.

Patrão não é dono do funcionário, não é um pai carrasco, é apenas um parceiro comercial para servir a um cliente. Tem mais poder de decisão porque investiu mais capital e tomou a iniciativa de montar o negócio.

O dono que deseja um bom negócio precisa entender que todos estão juntos no mesmo barco. Precisa entender também que seu papel é liderar o grupo para, juntos, conseguirem melhor resultados que a concorrência. Assim ganham clientes, e todos se beneficiam economicamente.

Na política salarial, o dono precisa fica atento à contrapartida, ao compartilhamento do sucesso com todos. Se por um lado o esforço para ganhar o cliente deve ser conjunto, o compartilhamento do lucro precisa também considerar o esforço do funcionário. Pede com uma mão, devolve com a outra.

Tratar bem as pessoas, exigir responsabilidade e dedicação no trabalho, e repartir um percentual de até vinte por cento do lucro entre todos os funcionários não é maldade nem bondade do patrão, é inteligência, capacidade gerencial.

FORMANDO A EQUIPE

Seus funcionários podem coloca-lo nas alturas, ou joga-lo no chão. Depende de como você se relaciona com eles.

Não é fácil formar uma boa equipe. É preciso achar a pessoa certa, para o lugar certo, e esta pessoa precisa ser de confiança, se relacionar bem com os colegas, e se r capaz de fazer o seu serviço com rapidez e qualidade. Diria até que formar uma boa equipe é uma arte porque

Sempre tem jeito! Acredite em si, aprenda, trabalhe, você consegue...

96

exige grande percepção das pessoas, e grande habilidade no trato com elas. O dono precisa desenvolver esta habilidade.

Nota: Para compreender melhor como formar uma equipe vencedora leia a obra "WA – EQUILÍBRIO, ALEGRIA, SABEDORIA" de ROMERO FARIA. Você a encontrará no site AMAZON.COM.BR. – Pesquise o autor e a encontrará

Existem alguns princípios aplicáveis aos funcionários que facilitam a formação de um satisfatório grupo de trabalho. Vamos detalha-los um pouco.

SELECIONAR E ADMITIR BEM: Quando você compra uma peça para o seu automóvel, ou uma máquina qualquer, você precisa especificar corretamente a peça que deseja. Se especificar mal, a peça não encaixa no equipamento, ou ela encaixa, mas funciona mal e logo quebra.

Com as pessoas também é assim, é preciso saber o que você realmente precisa para cada função, e para cada pessoa que irá desempenha-la. Só que como você não tem um manual do fabricante para saber qual é a peça, é você mesmo que vai ter que pensar e decidir como ela deve ser.

Por isto, se pretende admitir alguém, antes de começar o processo de seleção, escreva em um papel a especificação, ou seja, qual o perfil da pessoa que o atende: preocupe-se com três fatores principais.

- Conhecimentos: O que a pessoa precisa saber fazer muito bem, o que é obrigatório dominar, e o que ela precisa saber só um pouco e pode aprender com o tempo.
- Habilidades: Que habilidades especiais esta pessoa precisa ter para fazer bem seu trabalho. Por exemplo, capacidade de trabalhar com coisas muito delicadas que seu negócio oferece, paciência para dar acabamento, força para trabalhar com serviço bruto, habilidade para se comunicar bem com o cliente, ou outra.

Sempre tem jeito! Acredite em si, aprenda, trabalhe, você consegue...

- **Atitudes:** Como deve ser o conjunto de atitudes da pessoa no trabalho: humor, disponibilidade, discrição, coleguismo, seriedade, responsabilidade com resultados, etc. Em suma como deve ser o comportamento da pessoa para se ajustar a você e à sua equipe.

Funcionários afetam diretamente seus resultados. Por isto, não contrate o primeiro que aparecer. Verifique alternativas e escolha a que melhor atenda o perfil que você tiver escrito. Este é um cuidado que vale a pena.

TREINAR OS FUNCIONÁRIOS: Quando um músico toca sozinho seu instrumento, ele organiza e executa a sequencia musical como quer. E o resultado é a sua música pessoal, com características individuais dele. Para tocar bem ele a repete algumas vezes, ajusta os acordes, e chega ao seu ponto ideal.

Se este músico resolve chamar alguém para tocar com ele, começam a aparecer problemas de ajustes, pois cada um tem seu jeito de fazer as coisas. Por isto, os dois precisam treinar até entrar em sintonia como se fossem um só, para o conjunto ser bom.

Se o treinamento entre os músicos não ocorre, ou não for bom, o cara do bumbo vai tocar fora de ritmo do violão, e a música vira uma bagunça.

O grau de dificuldade de ajustar uma banda aumenta na medida em que se colocam mais pessoas no grupo. Com efeito, quanto mais gente mais difícil é a afinação. A orquestra é o máximo de dificuldade deste entrosamento. Mas existem orquestras maravilhosas, ou seja, tem jeito.

Em um negócio é a mesma coisa. Se o dono faz negócios sozinho, ele ajusta sua estratégia, a forma de agir, e parte para as negociações. O

Sempre tem jeito! Acredite em si, aprenda, trabalhe, você consegue...

resultado da negociação é o resultado da sua capacidade individual de agir.

Quando o dono coloca mais pessoas para trabalhar com ele no negócio, todos precisam entrar em sintonia para conseguir um resultado satisfatório, a exemplo do que ocorre em uma banda de música.

O sucesso depende sempre de treinar e entrar em sintonia. Uma equipe de trabalho em uma empresa e uma banda são agrupamentos humanos que funcionam de maneira semelhante. E o treinamento é a alma do sucesso.

CONTROLAR, PROMOVER, DEMITIR: Quando você leva uma máquina para conserto, ou seu carro ao mecânico, o profissional logo lhe pergunta: o que ele tem?

Esta pergunta tem uma justificativa, pois quem usa é você, e quem conhece os problemas da máquina é você.

Após diagnóstico o mecânico lhe apresentará o problema, as causas e as medidas corretivas. Entre as causas certamente estarão algumas por desgaste do equipamento, e outras por falhas no uso.

Nos negócios acontece o mesmo com as pessoas, elas se desgastam física e emocionalmente, e dão problemas, mas também o dono faz mal uso delas.

Cada pessoa precisa manter um desempenho pessoal satisfatório, isto deve ser objeto de sua atenção constante do dono, mas não se pode exceder na pressão por resultados. Vamos perceber melhor o que a pressão faz:

Imagine que você compre um automóvel para passear com a família. O veiculo leva até quatro pessoas posicionadas corretamente nos bancos,

Sempre tem jeito! Acredite em si, aprenda, trabalhe, você consegue...

99

com a carga bem distribuída. Se você usa o veiculo como o fabricante previu, colocou óleo na época certa, não acelerou excessivamente, e passou nos buracos com cuidado, seu veiculo irá lhe prestar bons serviços por muitos anos, e você vai falar que o carro é uma maravilha.

No entanto, se você pega este mesmo veículo e o coloca para trabalhar em sua obra, de maneira diferente, você terá outro resultado. Se carregar quatro a seis sacos de cimento no porta malas, estender a troca de óleo além do indicado, acelerar excessivamente, e passar em buracos com frequência, seu carro não o servirá bem por muito tempo. Aí você dirá que ele é muito ruim, e o trocará.

A pressão que você faz no uso influi diretamente na qualidade que você sente.

É preciso cuidar de se ter pessoas com capacidade para executar suas funções como requerido, mas é preciso também entender o limite dos funcionários.

Em outras palavras, tomando o exemplo do automóvel, se você pretende carregar cimento no carro, compre uma camionete...

Com funcionários acontece o mesmo que com o carro. O dono costuma exigir deles muito além de suas possibilidades, daquilo que seu perfil consegue atender. Por isto, demite com muita frequência alegando que o funcionário é ruim. É preciso tirar o funcionário da zona de conforto sempre, mas não se pode pressionar demais...

Por isto, preste atenção toda vez que você pensar em demitir apontando o dedo indicador para o funcionário dizendo que ele é ruim. Em suas mãos ficam três dedos voltados para você dizendo: não estudou o perfil antes e admitiu mal, não treinou, e dirigiu mal.

Sempre tem jeito! Acredite em si, aprenda, trabalhe, você consegue...

Admissão e demissão custam muito caro para os negócios. Quando você troca um funcionário, não só substitui uma pessoa, na realidade você quebra toda a equipe, os conhecimentos que já haviam sido integrados, a forma de agir já definida, os acordos já feitos. E tem que começar tudo de novo.

É preciso cuidar bem das pessoas. Isto significa cuidar bem do processo seletivo e de admissão, só contratando pessoas com o perfil para as funções que vai desempenhar. Significa também treinar e desenvolver cada um para conseguir fazer um bom trabalho, integrar na equipe, elogiar quando merecer, e advertir quando sair da linha. A educação deve prevalecer no contato com todas as pessoas.

Além disto, é fundamental reconhecer o esforço e promover as pessoas que reconhecidamente tenham melhor desempenho. Também só se deve demitir depois de avaliar com calma o funcionário, e verificar se o motivo da insatisfação não tem origem em quem comanda as pessoas.

Funcionário ruim tem que ser trocado, não se forma time bom com maus atletas. No entanto, fique atento, na maioria das vezes, segundo pesquisas americanas, eles não são a causa, são consequência de uma má administração. Por isto, em empresas bem administradas há funcionários que trabalham por mais de trinta anos.

Para finalizar, coloque esta meta na sua cabeça: servir bem aos clientes, com uma equipe bem formada e motivada, e com relações de parcerias sólidas com funcionários, fornecedores e clientes. Isto o levará ao caminho do sucesso.

Sempre tem jeito! Acredite em si, aprenda, trabalhe, você consegue...

ANEXO 1 – CÁLCULO DE CUSTOS.
COMÉRCIO, INDÚSTRIA, SERVIÇOS.

Para calcular o preço de venda de algo que você quer vender, sem ter prejuízo, você primeiro precisa saber quanto lhe custa o que vai vender.

O custo do que você vai vender tem dois componentes básicos: o custo da própria coisa que será vendida, que chamamos CMV ou Custo da Mercadoria Vendida, e outros custos, cujos títulos aparecem descritos no capitulo 6, que trata de como cuidar do seu dinheiro.

CMV - Custo da Mercadoria Vendida

O CMV deve ajuntar todos os custos relacionados diretamente ao item vendido.

Nota 1: Embora o CMV se destine a calcular o custo daquilo que se vende, é importante observar que custos com perdas em armazenagem costumam ser adicionados ao CMV. Assim, algumas pessoas consideram mercadorias encalhadas no estoque, danificadas, ou devoluções de mercadorias inservíveis pelo cliente como custo da mercadoria vendida. Este calculo se justifica porque perda é custo, precisa ser pago, e reduz lucro.

Nesta obra não iremos considerar estes casos de perdas nos custos. O leitor deve ficar atento, no entanto que, se ocorrerem em grande volume estas perdas, seus valores devem ser acrescidos ao custo das mercadorias vendidas proporcionalmente.

Por exemplo, se uma em cem peças se perde no estoque, o leitor deve acrescer um por cento no CMV.

Sempre tem jeito! Acredite em si, aprenda, trabalhe, você consegue...

Nota 2: Ao relacionar o preço de compra de uma mercadoria, nos exemplos a seguir neste livro, considere que o preço da unidade já tem incluído os impostos devidos na compra. Imposto que você paga sobre um item também é custo.

Vamos a alguns exemplos para compreender como calcular os custos em diferentes situações

CASO 1 - COMÉRCIO

A dono tem uma loja e vende roupas prontas. Estas roupas chegam à loja para serem vendidas por duas situações de compra que ele modifica de acordo com as oportunidades que tem de viajar para efetuar compras.

Na situação um ele não viaja, é o representante do revendedor que manda direto para sua loja. Ele só recebe as mercadorias e paga as despesas de entrega.

Na situação dois, o dono viaja, vai até a loja do revendedor ou fabricante, compra direto e trás por conta própria.

Situação 1 – A compra é feita através do representante.

No preço final, além das mercadorias, são acrescidos impostos e frete que o dono tem que pagar para ter a mercadoria.

Observe que na nota, a mercadoria tem o preço unitário e o preço total por item. No entanto, o frete e os impostos costumam ser informados para o conjunto, e não por item. Por isto, para saber os valores individuais de frete e impostos é preciso saber a quantidade de peças em cada nota fiscal, e dividir o total pela quantidade, para ter valores unitários.

Sempre tem jeito! Acredite em si, aprenda, trabalhe, você consegue...

Nota: Com peças de tamanhos muito diferentes, onde uma peça muito maior que as outras eleva o custo total do frete, você deve estimar o valor do frete em cada item. Isto é necessário para não elevar o CMV de uma peça por influencia de outra. O imposto é calculado pelas alíquotas de cada mercadoria.

Vamos ao exemplo da compra de um item pelo dono da loja do exemplo, no caso Calça Jeans.

Quantidade entregue: 50
Preço de cada calça declarado: R$ 20,00
Preço total das mercadorias: R$ 1000,00
Imposto: R$ 85,00 (8,5%) (verificar imposto devido com o contador em cada caso, aqui é só para exemplo).
 O valor do imposto por peça é R$ 20,00 x 8,5% ou R$ R$ 1,70.
Frete: R$ 120,00. Também deve ser calculado por peça ou R$ 120/50= R$2,40 (as peças são iguais)

Veja como fica o Custo Unitário de cada calça jeans.

Custo da Mercadoria Vendida –CMV Calça Jeans entregue na loja -					Quant. 50
Preço Compra Peça	Imposto da NF	Imposto por peça	Frete Total 50 PEÇAS	Frete por peça	CMV cada calça Jeans
20	8,5%	R$ 1,70	R$ 120,00	R$2,40	R$24,10

Situação 2 - O dono da loja sai da sua loja, e vai até a fábrica comprar as roupas porque lá consegue preços menores. Lá ele compra as mesmas Calças Jeans, na mesma quantidade, 50 peças, mas com preços e outros custos diferentes.   Analise o negócio.

Sempre tem jeito! Acredite em si, aprenda, trabalhe, você consegue...

Para fazer a compra o dono viajou 500 quilômetros em seu carro, fez refeições na estrada, e dormiu em hotel um dia.

Vamos às despesas que ele teve para colocar as calças na sua loja.

Custo da Mercadoria Vendida –CMV Calça Jeans comprada na fábrica			Quant. 50 peças
Despesa	Custo total	Custo por peça	Obs.
Calça	R$ 700,00	R$ 14,00	P/50
Imposto	8,5%	R$ 1,19	Exemplo
Combustível	R$ 225,00	R$ 4,50	P/50
Hotel	R$ 100,00	R$ 2,00	P/50
Alimentação	R$ 50,00	R$ 1,00	P/50
CMV Por calça Jeans		R$ 22,69	

Observe que todos os custos estão ligados à mercadoria vendida, ou seja, eles aconteceram por causa da mercadoria. Se houvessem outros custos, como manutenção de veiculo, multa, despesas com estacionamento, etc., eles teriam que ser considerados também, porque existiram foi para viabilizar o negócio.

CASO 2 - FABRICAÇÃO

Neste caso, o dono da loja resolveu fabricar suas próprias calças jeans e colocar para vender em sua loja, além de vender o excedente em outras cidades.

Para saber o CMV ele deve calcular o custo de produção de cada peça. Os custos de produção normalmente envolvem: os materiais gastos, mão de obra utilizada, energia e água consumida.

Vamos ao custo da fabricação, considerando a mesma quantidade de peças, 50 peças.

Sempre tem jeito! Acredite em si, aprenda, trabalhe, você consegue...

LISTA DE MATERIAIS E ITENS DE CUSTO

Quantidade de peças fabricadas: 50
Tecido comprado.   60 metros
Custo do tecido. R$ 5,60 por metro
Consumo tecido por calça= 1,20 m ou R$ 6,72
Linha: R$ 0,80 por peça
Botões: R$ 0,20 por peça
Fecho: R$ 1,20 por peça
Acabamentos: 1,20 por peça
Tempo fabricação para 50 peças: 8 horas (1 dia da fábrica)
Costureiras necessárias: 2
Marcação e corte (mão de obra): 2 horas.
Mão de obra de corte: 1 costureira
Custo da costureira por dia: R$ 80, 00 (facção), ou R$ 10,00 a hora.
Energia + água: R$ 10,00 por dia (média diária para o caso)
Imposto: 10%

Calculo do CMV de cada calça.

Custo da Mercadoria Vendida –CMV Calça Jeans fabricada			Quant. 50
Despesa	**Valor total**	**Quantidade**	**Valor unit.**
Tecido	R$ 336,00		R$ 6,72
Linha	R$ 40,00		R$0,80
Botões	R$ 10,00		R$ 0,20
Fecho	R$ 60,00		R$ 1,20
Acabamentos	R$ 60,00		R$ 1,20
Marcação e corte	R$ 20,00		R$ 0,40
Mão obra costura	R$160,00		R$ 3,20
Energia+ água	R$ 10,00		R$ 0,20
Custo da Calça sem impostos	R$ 640,00	50 peças	R$ 13,92
Impostos	10%	Sobre calça	R$ 1,39
Custo Produção - CMV		Por calça	R$ 15,31

Sempre tem jeito! Acredite em si, aprenda, trabalhe, você consegue...

Nota: Se existirem outros custos para fazer a calça, como estamparia, embalagem, etc., eles devem ser todos calculados e acrescidos ao CMV.

CASO 3 - PRESTAÇÃO DE SERVIÇOS.

Prestação de Serviços é o caso de muitos profissionais autônomos, como médicos, dentistas, mecânicos, eletricistas, e outros que não produzem um produto fisicamente visível, mas sim fazem algum serviço. O fato de estes profissionais trabalharem, por exemplo, em uma clínica, cooperativa ou oficina, não muda sua classificação: eles não produzem um produto acabado para comercializar.

Para compreender melhor o conceito de Prestação de Serviços, vamos primeiro falar um pouco dos termos "Serviço" e" Prestação de Serviço" para diferencia-los. Depois falamos do CMV.

O termo "serviço" se referencia a trabalho bem determinado que não produza um produto físico como resultado final. Por exemplo, falamos em serviço quando dizemos que é preciso consertar um chuveiro, arrumar o carro, ou mesmo costurar uma calça.

Quando, no exemplo, o chuveiro foi consertado, dizemos que aquele serviço foi realizado.

Já quando usamos o termo " prestação de serviço" estamos dando foco é em quem faz. Assim dizemos que o Antônio vai consertar o chuveiro da Maria, ou que o carro vai ser consertado na Oficina 4 rodas. Eles fazem a prestação do serviço.

Simplificando, podemos dizer que Antônio é um "prestador de serviços" de eletricidade, e que o "serviço" que fez na casa de Maria foi consertar o chuveiro.

Sempre tem jeito! Acredite em si, aprenda, trabalhe, você consegue...

Pelo exposto é possível perceber que os custos de venda de serviços, só acontecem devido ao ato da prestação dos serviços.

No caso do conserto do chuveiro, o Antônio dever considerar como custo do serviço, ou CMV, a sua mão de obra de eletricista, mais custo de deslocamento, peças, e outras despesas que houver.

Nota: Quem é prestador de serviços, ao calcular o CMV do seu trabalho, deve estar atento ao fato de que a única mão de obra que pode ser considerada no CMV é aquela que foi aplicada diretamente ao serviço.

Por exemplo, se o eletricista resolve ter um escritório e lá coloca uma pessoa para receber chamadas e anotar pedidos, o custo desta pessoa não pode entrar no CMV. Ela não é eletricista, só faz serviços de apoio, por isto a chamamos de mão de obra indireta. O serviço de reparo do chuveiro pode ser feito sem ela. Só quem põe a mão na massa é considerado mão de obra direta e entra no CMV.

EXEMPLO DE CALCULO DE CMV NA PRESTAÇÃO DE SERVIÇOS.

Vamos usar como exemplo o Carlos que tem uma oficina e presta serviços de mecânica em sua cidade.

Na oficina o Carlos tem 4 mecânicos, e uma recepcionista, que também faz serviços de escritório.

Chega um carro na oficina para tirar vazamentos de óleo, e o Carlos precisa dar preço. Ele precisará que um dos mecânicos faça o serviço porque ele está ocupado.

Se der preço de qualquer jeito pode fazer mal negócio.

Se o preço for alto, o cliente vai embora e ele ganha fama de careiro, perdendo clientes. Se der preço baixo, toma prejuízo. Ele precisa

Sempre tem jeito! Acredite em si, aprenda, trabalhe, você consegue...

calcular o preço justo, e servir bem ao cliente se desejar permanecer no negócio.

Faz suas analises. O mecânico gastará quatro horas para desmontar, consertar e testar o veículo antes de entregar ao cliente. Além disto, gastará um jogo de juntas e deverá trocar o óleo do carro, já que ele está vencido.

Para dar o preço, a primeira coisa que precisa saber é o seu CMV para o serviço.

Ele levanta os dados para o calculo da Custo da Mercadoria Vendida – o CMV:

Mecânico – Custo de R$ 18,00 a hora
Tempo – 4 horas
Óleo – Gastará 4 litros a R$ 35,00 o litro (custo para ele), ou R$140,00.
Jogo de Juntas – R$ 150,00
Material de limpeza - Solvente para óleo e graxa - R$ 2,00 total

A partir daí o Carlos precisa colocar o preço de venda um pouco acima para cobrir despesas de aluguel, recepcionista, luz, água, e outras mais, e ainda ter lucro.

Custo da Mercadoria Vendida –CMV Tirar vazamentos do carro			Quant. 01 carro
Despesa	Quantidade	Valor unit.	Total
Mecânico	4 horas	R$ 18,00	R$ 72,00
Junta de motor	01	R$ 150,00	R$ 150,00
Óleo de Motor	4	R$ 35,00	R$ 140,00
Material limpeza	01	R$ 2,00	R$ 2,00
CMV - Vazamentos			R$ 364,00

Sempre tem jeito! Acredite em si, aprenda, trabalhe, você consegue...

Observe que no caso do mecânico, para achar o preço de venda o dono da oficina precisa ainda levantar todos os seus custos fixos e ter uma forma de estimar como vai ratear estes custos entre todos os serviços da oficina.

Vamos tratar de como colocar preço de venda no Anexo 2.

Sempre tem jeito! Acredite em si, aprenda, trabalhe, você consegue...

110

ANEXO 2 – PREÇO DE VENDA

A definição do preço de venda é uma das coisas mais sensíveis na condução do negócio. Se você coloca preço muito baixo, acumula prejuízo e quebra, se coloca preço muito alto abre espaço para os concorrentes, ou ganha fama de careiro e o cliente foge de você.

Colocar um preço bom para você e que venda bem é o objetivo. Por isto observe alguns princípios.

- O melhor preço de venda é aquele em que o cliente se sente satisfeito com a compra e você tem lucro ao final. Quando o cliente ganha primeiro e você ganha depois, ele não só pode voltar, como vai indica-lo para seus amigos. Este é o melhor negócio.

- Para colocar o preço de venda, e ter lucro, você não pode esquecer que o Lucro é a conta das Receitas da Venda menos <u>todas as a despesas que precisam ser pagas.</u>

  As despesas a serem pagas são o custo da mercadoria vendida, o CMV, mais o rateio das outras despesas que você tem no seu negócio.

  Por exemplo, você tem uma loja que só vende roupas Jeans. No mês você vende 400 unidades. Se o CMV médio das peças for R$ 25,00 e você vender ao preço médio de R$50,00, significa que ao final do mês você apurou R$20.000,00 nas vendas. Deste dinheiro você precisa recomprar R$ 10 000,00 em mercadorias para repor o estoque e vender novamente, ou seja, pagar o que você vendeu. Sobrou para você R$ 10000,00. Este valor ainda não é o lucro, pois você tem que pagar outras contas.

  Vamos lá.

Sempre tem jeito! Acredite em si, aprenda, trabalhe, você consegue...

Quando você soma todas as contas, aluguel, funcionário, impostos, luz, e outras, você vê que precisa pagar ainda R$ 7000,00. Assim, o seu lucro será só R$ 3000,00.

Observe que os sete mil reais das outras despesas, além do CMV, devem ser pagos é pelos produtos vendidos no período.

Como no exemplo, são quatrocentas peças, você precisa fazer o rateio. Isto significa que cada peça precisa contribuir com R$ 17,50 para ajudar a pagar estas outras contas. (R$ 7000,00 dividido por 400 peças)

Então, dos R$ 50,00 do preço de venda, a distribuição do dinheiro fica assim: R$ 25,00 vai para CMV, R$ 17,50 vai para pagar despesas do negócio, e sobra R$ 7,50 de lucro por peça.

Se você ficar atento, observará que R$ 7,50 sobre R$ 50,00 representa quinze por cento. Ou seja, se você der um desconto de quinze por cento estará comendo todo o seu lucro, e pagando para trabalhar.

Observará também que para ter um lucro de quinze por cento, com a estrutura de despesas atuais do seu negócio, o seu preço de venda é o seu CMV, de R$ 25,00, multiplicado por dois.

Aí fica a pergunta: Devo sempre multiplicar o CMV por dois. A resposta é não. O número que você deve multiplicar o CMV deve ser aquele que chega a bom preço para o cliente, e você ainda ganha.

No exemplo, se seu concorrente vende a mesma mercadoria por R$ 45,00, você precisará brigar por preço. Assim, se empatar com o concorrente (multiplicar seu CMV por 1.8) e vender por R$

Sempre tem jeito! Acredite em si, aprenda, trabalhe, você consegue...

112

45,00 você ficará só com R$ 2,50 de lucro por peça, o que é pouco.

É esta conta que você precisa fazer sempre. No exemplo, se você abaixar o preço, deve tomar outras medidas para ter um lucro aceitável, e elas podem ser comprar com preço melhor (CMV menor) ou reduzir seus outros custos.

Mexer em preço de venda sem consciência do impacto no lucro é uma grande aventura.

- Não há nada que o impeça de trabalhar com preço de venda mais alto e lucro melhor, desde que o os clientes comprem bem. Lucro não é imoral se há concorrência. Imoral é ser oportunista e aproveitar situações em que ao cliente está indefeso, e colocar preços abusivos porque ele depende de você.

- Muito cuidado com competir com os outros na base do preço mais baixo. Tem um ditado popular que diz que *galinha que acompanha pato morre afogada.* Em guerra de preços todos perdem.

Preste atenção porque o que você vende não é preço, não é ele quem decide a compra, o que decide é a satisfação do cliente. E tem vários aspectos que influenciam na satisfação do cliente que você pode trabalhar para subir um pouco seu preço. Vou citar alguns.

- A confiança e segurança que o cliente sente ao fazer negócios com você. Isto vem de um relacionamento sério com o cliente.

Nota: Vender o item que dá mais lucro a você em um dado momento nem sempre é o melhor negócio. O melhor negócio é aquele no qual você serve bem ao cliente e ele fica satisfeito. Aí,

---

Sempre tem jeito! Acredite em si, aprenda, trabalhe, você consegue...

se mantém fiel a você e volta outras vezes. A mágica do bom negócio é o bom relacionamento

- O atendimento que você e sua equipe dão ao cliente antes, durante e depois da venda.

- A qualidade do produto comercializado e entregue, e outros aspectos ligados ao fornecimento, como embalagem e entrega.

- A condição de pagamento que oferece.

- A quantidade de alternativas, produtos ou serviços, que você oferece para resolver os problemas do cliente.

- Outros aspectos periféricos como localização da loja, apresentação, higiene e limpeza, cortesia, influem muito também.

Em suma, você pode trabalhar com um preço um pouco melhor se oferecer outras coisas a que o cliente dê importância. Chamamos a isto diferencial competitivo. Eleve seus diferenciais competitivos, assim terá mais clientes, poderá ter preços melhores, e terá mais lucro.

- Às vezes acontecerá de seu concorrente conseguir vender por um preço muito menor que o seu e ainda ter lucro. Isto pode ocorrer porque ele pode ter descoberto algum fornecedor que vende por preço mais barato, pode não estar pagando seus impostos, ou mesmo seus custos fora o CMV, tipo aluguel e outros, podem ser menores.

Nestes casos você deve investigar e ver que medidas você pode e deve tomar para competir de igual para igual. Mas, se mesmo assim você não conseguir empatar em preço, é muito importante

Sempre tem jeito! Acredite em si, aprenda, trabalhe, você consegue...

você ter a consciência de que às vezes se perde venda mesmo, o que não se pode perder é o cliente.

Nestes casos, nunca fale mal do concorrente e nem agrida o seu cliente, diga apenas que sente muito por não conseguir atender o cliente naquele momento. Mais tarde você tenta outra venda para ele. O lema deve ser *"não deu pra fazer negócio hoje, mas a amizade continua."*.

- O calculo do preço de venda correto que você deve praticar pode ser muito simplificado se você tiver um sistema informatizado que integre as compras com as demais despesas da empresa. É muito mais rápido, mais seguro, e dá muito menos trabalho. Vale a pena investir em informática para ter bom controle do negócio.

Sempre tem jeito! Acredite em si, aprenda, trabalhe, você consegue...

115

ANEXO 3 – LUCRO OU PREJUÍZO?

Calcular o lucro ou prejuízo de um negócio não é difícil, ao contrário exige contas simples, e é fácil. O que complica é a disciplina que você precisa ter para controlar o seu negócio.

Com efeito, você precisa registrar tudo o que vende, e tudo o que paga de despesas relacionadas ao negócio, o tempo todo, e fazer a apuração do lucro ou prejuízo a cada mês.

Todo valor que entra no negócio, ou que sai dele, tem uma fonte e um destino, e pode ter um nome de conta. Por exemplo, você compra dos fornecedores roupas pra vender, e paga frete, impostos, combustíveis etc. Sempre é possível associar o movimento do dinheiro a um nome. Chamamos a isto classificação de contas. Há contas de receitas e contas de despesa. Estas contas, com uma classificação sugerida, foram apresentadas no capitulo 6. Você pode criar outras.

Vamos simular um caso e calcular o lucro ou prejuízo do negócio usando nomes das contas já apresentado no capitulo 6.

CASO - ARMAZÉM DO GERALDO

O Geraldo tinha vinte e três anos quando montou seu pequeno negócio. Começou com um barzinho, foi colocando mais coisas, mercadorias que o cliente precisava no final de semana, até que resolveu transformar tudo em um pequeno supermercado, que ele chamou de Armazém do Geraldo para manter o nome já conhecido na praça.

O negócio, antes do supermercado, não era ruim, com ele o Geraldo conseguiu comprar um carro pequeno e antigo, dar entrada em um lote e fazer uma pequena casinha, onde passou a morar para não pagar aluguel.

Sempre tem jeito! Acredite em si, aprenda, trabalhe, você consegue...

Passado alguns anos, agora já casado e com dois filhos na escola, e com o supermercado ativo, o Geraldo começou a reclamar de aperto. Não conseguia fechar as contas, começava a dever aos outros. Dizia que o supermercado não era mais um bom negócio, queria vende-lo e mudar de atividade. Foi quando aprendeu a fazer contas sobre lucro ou prejuízo e resolveu repensar. Vamos ver suas contas, já classificadas conforme exposto no capitulo 6, e em seguida analisar a situação do Geraldo.

CONTAS DAS RECEITAS		
1- RECEITA TOTAL (Faturamento do mês) (1.1+1.2)		310.000
1.1 VENDAS A VISTA:		150. 000
Dinheiro:	50.000	
No cartão de débito: (taxa cartão 1,5 %)	100. 000	
1.2 VENDAS A PRAZO:		160.000
Cartão de crédito: (taxa cartão 3,2%)	80.000	
Cheque pré-datado:	80.000	
1.3 DIMINUIÇÕES DA RECEITA (ABATIMENTOS):		28. 380
Impostos devidos: Média 7,4 %	23.000	
Inadimplência (cheques): 0,775 %	620	
Despesas financeiras:	4.060	
Do cartão de débito = 1500 (1,5% DE 100.000)		
Do cartão de credito = 2560 (3,2% de 80.000)		
Bonificações de mercadorias:	700	
Referente bônus de 1 refrigerante nas compras do_mês		
1.4 RECEITA LIQUIDA: (1 -1.3)		281.620
É a redução na Receita Total de 310.000 dos Abatimentos da Receita no valor de 28.380.		

Nota: A Receita Líquida é o valor real que se tem para pagar as contas

Sempre tem jeito! Acredite em si, aprenda, trabalhe, você consegue...

117

CONTAS DAS DESPESAS		
2- TOTAL DAS DESPESAS (2.1+2.2+2.3+2.4)		**271.961**
2.1 DESPESAS COM PESSOAL:		**15.250**
Pró-labore:	6.000	
Salários e encargos sociais:	8.500	
Salários de 5 funcionários = 5.000		
Encargos sociais estimado em 70% = 3.500		
Ajudas de custo e benefícios:	750	
Vale transporte = 360		
Uniformes = 120		
Lanches = 270		
2.2 DESPESAS ADMINISTRATIVAS.		**9.260**
Aluguel	4500	
Energia Elétrica =	2500	
Agua=	240	
Material de limpeza=	360	
Manutenção equipamentos=	450	
Carreto de entrega de compras=	400	
Sacolas plásticas=	350	
Telefone=	250	
Material de escritório=	60	
Manutenção informática=	150	
2,3 CUSTO DAS MERCADORIAS VENDIDAS -CMV:		**246.031**
Para calcular o custo das mercadorias vendidas, o Geraldo listou no computador *tudo o que foi vendido no mês* e quantidades. Do mesmo computador extraiu o preço que pagou por cada coisa, seu frete e impostos devidos. Em relação ao custo das mercadorias, o Geraldo estudou muito os seus concorrentes e chegou à conclusão que o seu preço de venda médio teria que ficar entre 25% e		

Sempre tem jeito! Acredite em si, aprenda, trabalhe, você consegue...

30% acima do seu preço de compra para conseguir competir e ter lucro. (multiplicar o CMV entre 1,25 e 1,30)

Monitorava constantemente o mercado, subia e descia aos poucos. No momento usava 26% de marcação. Assim, uma mercadoria que custava para ele R$ 100,00 ele marcava e vendia a R$ 126,00, ou seja, multiplicava por 1,26. Se desejava saber o custo uma mercadoria já com preço, só dividia o preço por 1,26 e tinha o custo.

Se o Geraldo não usasse marcar sua mercadoria por um valor único, no caso 1,26, para achar o lucro ele teria que fazer conta de mercadoria por mercadoria. Para isto, teria que listar cada item vendido e colocar na frente duas colunas, uma para preço de compra, outra para preço de venda. No final, somando as duas colunas separadamente, teria o total que gastou e o total que ganhou. Dividindo o total das vendas pelo custo total encontraria o numero médio que usou para marcar seu preço de venda acima do custo.
Isto pode ser feito direto em computador.

2.4 CUSTO DE VENDAS.		1.420
Gastos com publicidade=	800	
Comissão funcionários: 0,2% sobre receita =	620	

Sempre tem jeito! Acredite em si, aprenda, trabalhe, você consegue...

119

APURAÇÃO DO RESULTADO (item 1.4 -2) Receita líquida menos Custo total	PREJUÍZO	X	LUCRO
RESULTADO DO MÊS - Lucro de .... O resultado é feito subtraindo-se as Despesas Totais de 271. 961, da Receita Líquida de 281.620.			9 659

O negócio do Geraldo por suas contas é lucrativo, e pelos padrões de lucro dos supermercados está razoável, já que a concorrência no setor é muito forte, e o mercado trabalha mesmo apertado.

O negócio em si dá dinheiro, ficou faltando ao Geraldo saber por que estava passando aperto e devendo. Foi então que resolveu analisar a movimentação do seu dinheiro no mês, e colocou no papel seu estoque e o que havia feito de melhorias na loja.

MOVIMENTAÇÃO DO DINHEIRO.

MOVIMENTAÇÃO DO ESTOQUE		
Estoque mês anterior a preço de custo	Estoque mês atual A preço de custo	Variação
210.000	221.000	+ 11.000 (subiu)

INVESTIMENTOS NO MÊS (melhorias)	
Descrição	Valor
Prestação de um freezer para congelados	1.450
Reforma da loja	3.000
Novas prateleiras	1.500
Equipamentos de Informática	2.100
TOTAL DO MÊS	8.050

Sempre tem jeito! Acredite em si, aprenda, trabalhe, você consegue...

SITUAÇÃO FINANCEIRA DO MÊS	
Descrição	Valor
Lucro	9. 659 (+)
Aplicou em estoque	11.000 (-)
Investiu na loja em melhorias	8.050 (-)
SITUAÇÃO FINAL: NEGATIVA Faltou dinheiro para fechar as contas	9. 391 (-)

CONSIDERAÇÕES SOBRE OS NEGÓCIOS DO GERALDO.

Analisando os dados do negócio do Geraldo podemos observar algumas coisas:

- A primeira observação é sobre o próprio Geraldo e o quanto ele usa do dinheiro da empresa para si mesmo. Observe que ele era solteiro, e, portanto tinha menores despesas quando começou. Depois ele casou e assumiu mais despesas, agora até despesas com escola de filho ele tem.

  A mudança no estilo de vida do Geraldo, com mais gastos, fatalmente o leva a ter uma sensação de aperto, de pouco dinheiro. Este é um caso muito comum nos negócios iniciantes. Em geral o empreendedor lida com muito dinheiro do faturamento e o confunde com lucro, assim eleva seu padrão de vida, e perde o controle da situação.

- Outra observação é quanto ao lucro obtido. O negócio dá lucro, mas ele pode ser elevado com o estudo de medidas administrativas que possam elevar o total das vendas ou melhorar os preços de vendas individuais. Entre as medidas a serem estudadas estão:

  o Melhor seleção dos produtos a serem vendidos. Pesquisar os clientes para entender melhor o que querem, como querem,

Sempre tem jeito! Acredite em si, aprenda, trabalhe, você consegue...

quando querem, onde querem os produtos, e que preço aceitam pagar como justo. Adotar medidas para atender melhor o cliente. Se ele entender melhor, e atender melhor, venderá mais a preço melhor.

o Melhorar o processo de compra para reduzir custos. Procurar negociar a vista com desconto.

o Estudar a carteira de produtos oferecidos: novos fornecedores e novas alternativas de produtos com melhor valor na conta preço de venda menos preço de compra.

o Melhorar exposição dos produtos. Estudar técnicas de exposição, descobrir quais produtos são melhores na frente da loja ou no fundo, apresentação de preços, ofertas, iluminação, limpeza, organização etc.

o Estudar estratégia de ofertas e preços especiais nas épocas mais propicias, para aumentar o giro de mercadorias.

o Adotar outras medidas a partir da compreensão de entender melhor o cliente primeiro, e adotar medidas para atender a seguir. Fazer pesquisas junto aos clientes.

• A mais importante observação para o Geraldo neste momento é que seu negócio não é ruim, ao contrário a loja é bem conduzida e pode até melhorar o lucro, talvez dobrar.

O que está ruim é a gestão financeira: o Geraldo descuidou do seu dinheiro, não o está usando de acordo com as suas possibilidades e está querendo dar um passo maior que as suas pernas, gastando mais do que pode. Como perdeu a visibilidade financeira fica sem saber onde agir para melhorar o lucro.

Sempre tem jeito! Acredite em si, aprenda, trabalhe, você consegue...

Para retomar o controle da situação o Geraldo precisa fazer algumas coisas:

A primeira é tomar consciência de que suas despesas de casa aumentaram e por isto ele sente mais pressão externa ao negócio. No início, quando era solteiro, precisava menos de dinheiro para despesas pessoais, aí sobrava mais para ele investir no negócio por isto ele melhorou. Com o crescimento da família naturalmente esta folga reduziu, e ele investiu menos.

Outra coisa é que um negócio não aceita emoção, aceita só razão. Por isto, antes de autorizar compras e investimentos o Geraldo precisa ter cautela, *respirar e contar de um até dez*. Devido à pressão natural da sua casa, o Geraldo pode estar tomando decisões emocionais e precipitadas.

Sentindo necessidade de ganhar mais ele pode estar perseguindo o lucro de uma maneira ineficaz. O fato é que, ao mudar prateleiras, reformar loja, comprar mais mercadorias a preço mais baixo e colocar no estoque ele pode ter agido de forma inadequada pensando só em lucro imediato. Aí apertou a corda em seu próprio pescoço.

Há outras maneiras mais baratas de melhorar lucro além das que o Geraldo usou. Como diz o ditado popular, *"Ao pensar nos tombos que está tomando, ele devia pensar também nas pingas que andou bebendo"*. Em outras palavras, ao autorizar uma compra nova, *ou tomar uma pinga*, devia lembrar-se que vai teria que pagar, *e do tombo que poderia tomar.*

Se ele já estava apertado e gastou mal o pouco que tinha, as coisas iriam mesmo piorar muito... *É preciso calma nas situações mais difíceis, medir a água e o fubá para fazer o angu corretamente.* Melhor que a pressa é a disciplina, e a analise criteriosa de cada

Sempre tem jeito! Acredite em si, aprenda, trabalhe, você consegue...

123

ação, e, sobretudo cuidar do dinheiro, gostar dele, querer retorno de cada centavo aplicado.

o Um segundo aspecto é ficar de olho no estoque. Se ele compra mais mercadorias, tem que pagar. E este dinheiro precisa vir de algum lugar. Lembrar sempre que mercadoria no estoque, sem giro, é prejuízo, mesmo que seu preço tenha sido baixo.

FIM

Sempre tem jeito! Acredite em si, aprenda, trabalhe, você consegue...

www.ingramcontent.com/pod-product-compliance
Lightning Source LLC
Chambersburg PA
CBHW030704220526
45463CB00005B/1890